聋儿早期康复教育系列丛书

咿呀学语课业手册（第1册）

（0-3岁·家庭用书）

梁 巍 / 主编

中国聋儿康复研究中心
听力国际国家（中国）中心

华夏出版社
HUAXIA PUBLISHING HOUSE

图书在版编目(CIP)数据

咿呀学语课业手册. 第1册/梁巍主编. —2版. —北京:华夏出版社,2013.5
(聋儿早期康复教育系列丛书)
ISBN 978-7-5080-7555-6

Ⅰ.①咿… Ⅱ.①梁… Ⅲ.①听力障碍-儿童-教学参考资料 Ⅳ.①G762.4

中国版本图书馆 CIP 数据核字(2013)第 070769 号

咿呀学语课业手册·第1册

主　　编	梁　巍
责任编辑	曾令真

出版发行	华夏出版社
经　　销	新华书店
印　　刷	北京中科印刷有限公司
装　　订	三河市万龙印装有限公司
版　　次	2013 年 5 月北京第 2 版 2013 年 6 月北京第 1 次印刷
开　　本	787×1092　1/16 开
印　　张	9
字　　数	214 千字
插　　页	1
定　　价	29.00 元

华夏出版社　网址:www.hxph.com.cn　　地址:北京市东直门外香河园北里4号　邮编:100028
若发现本版图书有印装质量问题,请与我社营销中心联系调换。电话:(010)64663331(转)

聋儿早期康复教育系列丛书

编委会名单

专业顾问：杨伟炎　池惠生　高成华　陈云英
　　　　　　吕明臣　黄昭鸣
编委会主任：孙金忠
编　　委：聂　滨　孙喜斌　陈振声　万选蓉　梁　巍
　　　　　　刁维洁　黎　明　卢晓月　龙　墨
组编单位：中国聋儿康复研究中心
　　　　　　听力国际国家（中国）中心

咿呀学语课业手册（第1册）

（0~3岁·家庭用书）

主　　编：梁　巍
编　　者：（按姓氏笔画排序）
　　　　　张　淼　张　沙　杨海荣
　　　　　胡艳丽　晁　欣

前　言

　　生儿育女是人生道路上的重要事情。呱呱落地的孩子为我们带来了创造生命的喜悦，也给我们带来了将幼小生命抚育成人的沉重而神圣的职责。就父母的本意而言，没有谁不珍爱自己的孩子，没有谁不希望自己的孩子生活得健康、愉快、成功。孩子的听力障碍，犹如晴空霹雳，成为了多少初为父母的聋儿家长的噩梦。作为聋儿家长，你可以哭泣，也可以抱怨，但这之后呢？泪水改变不了孩子耳聋这一残酷的现实，抱怨也不能带给孩子愉快、成功的人生，使他们成为自尊、自强、自立的人。"幸福的家庭都是相似的，不幸的家庭各有各的不幸。"看看周围的人，又有多少像你一样的父母，他们毅然拭干了眼泪，重新鼓起了生活的勇气，带领自己的孩子向命运宣战。抬起头来，明天的阳光依然灿烂！

　　实践证明，家长是聋儿最早的教师，家庭是聋儿听力语言学习的最好课堂。那种只重视机构教育忽视家庭教育的做法，实际上割裂了家庭与机构教育的必然联系，只能取得事倍功半的效果。诚然，"舐犊之情"所蕴含的爱，"望子成龙"所凝聚的情，未必能使每一个为人父母者在教育子女上真正获得成功。但是，通过系统、必要的专业知识和教育方法培训与学习的父母，就会使上述这种教育现状得以改观。他们所驾驭的家庭教育将与机构教育形成教育合力，完成对聋儿的启蒙、发展和完善的任务。

　　依据上述的思想认识，我们编写了《咿呀学语课业手册》，将与《咿呀学语教学指南》、《咿呀学语活动画册》对应，成为开展聋儿早期康复教育，实施听力语言康复的平台。它不仅可以为日益深入的社区家庭康复提供具体、有效的教育材料和活动方案，而且可以成为家庭教育与机构教育相互沟通、相互补充的重要纽带和渠道。真正实现家园合一、教学同步的教育构想。家长不再为"教什么？怎么教？"而发愁，教师不再为"留什么作业，怎么留？"而抱怨。让家长和老师省出更多的宝贵时间，去观察了解我们的孩子，思考我们的教学，彼此之间增加沟通与理解。本手册还可作为各级聋儿康复机构开展家长培训的核心教材。

　　值此出版之际，我们衷心祝愿每一个聋儿家庭和每一位聋儿家长，早一天树立起直面现实的勇气，在老师的鼓励、支持和帮助下，不断实践，不断学习，不断探索，让我们一起努力、拼搏，携手打造聋儿的美好明天，使他们真正成为自尊、自强、自立，对社会有所作为的人。

编　者

2004 年 4 月

关于本书

本手册内容与《咿呀学语教学指南》一一对应。家长可根据指导教师的统一教学计划按步实施。

1. 耳聋发现之后,家长可立即参阅本手册的康复机构通信地址和联系方式,及早与所在省市康复机构取得联系。

2. 根据所联系的机构的统一安排,参与由当地专业机构组织的家长培训。了解系列教材的基本结构及相互关系,熟悉实施聋儿早期康复教育的基本原则和方法,掌握开展家庭康复教育的基本技能。

3. 主动配合所属康复教育机构的专业技术人员和指导教师,做好对聋儿在接受康复教育之前进行的必要的医学、听力学、教育学调查、检查和评价,确定学习起点。

4. 在指导教师帮助下,将上述各类检查结果、数据指标填写到本手册提供的记录孩子康复教育情况对应的档案中,以备查考。

5. 积极与指导教师联系,共同确立针对聋儿个体的教育活动计划和方案。明确阶段教育目标和家庭教育任务。

6. 按制定好的教育计划推行活动方案。本手册提供的家庭配合性单元教育活动与《咿呀学语教学指南》中对应的1级2级单元教育活动配套实施。有关不同发展领域的强化教育活动指导的内容,详见《咿呀学语教学指南》中"强化教育活动指导"部分。它将为家长提供具体的教育内容和方法提示。家长可根据指导教师的建议(详见不同领域的活动编号),找到不同领域下对应的强化活动内容。

7. 根据教学活动实施情况和孩子的具体行为表现,按照本手册提供的教学效果判断符号,对每次教学后效果(包括家庭配合性教育效果和强化指导活动效果)进行确认,为指导教师提供家庭康复教育效果信息反馈。

8. 在每一个具体的教学活动推行过程中,家长可依据教学活动的基本提示,针对聋儿的实际表现,采用灵活的策略和方式,确保每一教学目的完成。这一点至关重要。

目　　录

第一章　听力语言障碍儿童康复教育发展记录表 …………………………………… (1)
第二章　一级配合性家庭教育活动 ……………………………………………… (21)
 第1周　拉大锯 …………………………………………………………………… (23)
 第2周　喂妈妈 …………………………………………………………………… (24)
 第3周　找妈妈 …………………………………………………………………… (25)
 第4周　和布娃娃一起玩 ………………………………………………………… (26)
 第5周　听声指图游戏1 ………………………………………………………… (27)
 第6周　听声指图游戏2 ………………………………………………………… (28)
 第7周　听声指图游戏3 ………………………………………………………… (29)
 第8周　（1）和妈妈一起折飞机 ……………………………………………… (30)
    （2）和妈妈一起开汽车 ……………………………………………… (32)
    （3）和妈妈一起搭火车 ……………………………………………… (33)
    （4）什么车开来了？ ………………………………………………… (34)
 第9周　摸五官 …………………………………………………………………… (35)
 第10周　笑比哭好 ……………………………………………………………… (36)
 第11周　谁在哭、谁在笑？ …………………………………………………… (37)
 第12周　喂娃娃吃东西 ………………………………………………………… (38)
 第13周　谁该洗脸了？ ………………………………………………………… (39)
 第14周　给娃娃洗澡 …………………………………………………………… (40)
 第15周　谁是乖宝宝？ ………………………………………………………… (41)
 第16周　谁的鞋子？ …………………………………………………………… (42)
 第17周　谁不乖？ ……………………………………………………………… (43)
 第18周　和小猫、小狗、小兔再见 …………………………………………… (44)
 第19周　听指令找物 …………………………………………………………… (45)
 第20周　尝一尝，甜不甜 ……………………………………………………… (46)
 第21周　谁的衣服和裤子？ …………………………………………………… (47)
 第22周　复习儿歌《小猫种瓜》 ……………………………………………… (48)
 第23周　（1）分萝卜 …………………………………………………………… (49)
    　（2）小兔爱吃什么？ ……………………………………………… (50)
 第24周　谁的小旗多？ ………………………………………………………… (51)
 第25周　指出圆圆的东西 ……………………………………………………… (52)
 第26周　变魔术的小手 ………………………………………………………… (53)
 第27周　看影子辨物体 ………………………………………………………… (54)
 第28周　照镜子做怪样 ………………………………………………………… (55)

第 29 周　小动物住在哪儿？ (56)
第 30 周　（配对）找妈妈 (57)
第 31 周　（看图）听指令做动作 (58)
第 32 周　帮宝宝找玩具 (59)
第 33 周　谁在咪咪笑？ (60)
第 34 周　谁拿反了？ (61)
第 35 周　给小动物点眼睛 (62)
第 36 周　谁在织毛衣？ (63)
第 37 周　小动物在干什么？ (64)
第 38 周　谁藏在那边？ (65)
第 39 周　猜猜我是谁？ (66)
第 40 周　第一次见到他们说什么？ (67)

第三章　二级配合性家庭教育活动 (69)

第 1 周　（1）比比谁的大 (71)
　　　　（2）听辨大小 (72)
第 2 周　（1）小兔哪儿错了？ (73)
　　　　（2）那样做会怎样？ (74)
第 3 周　听音辨车 (75)
第 4 周　（1）请回答 (76)
　　　　（2）宝宝请客 (77)
　　　　（3）学说"真难受" (78)
第 5 周　会说"谢谢"的宝宝 (79)
第 6 周　美丽的花园（涂色说儿歌） (80)
第 7 周　（看图说话）小狗逛商店 (81)
第 8 周　（1）（看图说话）曲项向天歌 (82)
　　　　（2）（涂色）绿色的稻田 (83)
第 9 周　（1）（涂色）把它们找出来 (84)
　　　　（2）哪些东西能滚动？ (85)
第 10 周　（1）小熊想玩什么？ (86)
　　　　（2）小动物们在干什么？ (87)
第 11 周　（1）爸爸去了哪里？ (88)
　　　　（2）小宝宝干什么？ (89)
第 12 周　（1）这是谁的影子？ (90)
　　　　（2）辛苦的妈妈 (91)
第 13 周　（涂色）小柳树钓鱼 (92)
第 14 周　（1）（判断）是早上还是晚上？ (93)
　　　　（2）（涂色）数星星 (94)
第 15 周　谁能长胖？ (95)
第 16 周　（方位判断）它们在哪儿？ (96)

第17周	比比长短	(97)
第18周	比比高矮	(98)
第19周	比比一样不一样	(99)
第20周	谁丢了什么？	(100)
第21周	有什么不一样？	(101)
第22周	你知道它的前后都是谁吗？	(102)
第23周	请放回原处	(103)
第24周	他们是谁？	(104)
第25周	谁的多，谁的少？	(105)
第26周	谁违章了？	(106)
第27周	哪双鞋子不能穿？	(107)
第28周	勇敢的宝宝	(108)
第29周	分辨冷热	(109)
第30周	怎么玩？	(110)
第31周	（听觉游戏）猜猜看	(111)
第32周	（看图说话）老鼠跑不了	(112)
第33周	说说自己	(113)
第34周	数数看	(114)
第35周	一样多吗？	(115)
第36周	明明丢了怎么办？	(116)
第37周	排排队	(117)
第38周	哪些东西能"化"？	(118)
第39周	哪些是危险的行为？	(119)
第40周	（看图讲故事）好明明	(120)

第四章　参考资料 (121)

聋儿早期康复教育策略提示 (123)

全国各省、自治区、直辖市聋儿康复中心通讯地址 (133)

第一章　听力语言障碍儿童康复教育发展记录表

儿童姓名：_____

指导机构：_____

编　　号：_____

儿童基本情况

档案编号：_____ 收训日期：_____

姓名：　　　性别：　　　民族：　　　出生日期：　　年　　月　　日

出生地：　　省　　市　　县（区）　　乡（街）　　村

耳聋诊断：　　　病因说明：　　　确诊时间：　　年　　月　　日

听力补偿及重建方式：　　配戴助听器□　　人工耳蜗植入□　　其它□

邮政编码：　　　　　　　　　　　　　　　　　　现住址：

照片

家庭情况

父亲姓名：　　民族：　　出生日期：　　文化程度：　　职业：

工作单位：　　　　　　电话：　　身体状况：正常□　耳聋□　其它□

母亲姓名：　　民族：　　出生日期：　　文化程度：　　职业：

工作单位：　　　　　　电话：　　身体状况：正常□　耳聋□　其它□

其他抚养人姓名：　　　　　　与儿童的关系：

个体发育状况

检查项目 评价 记录 时间	身高		体重		牙齿		视力			头围		胸围		过敏史情况
	单位(cm)	评价	单位(kg)	评价	龋齿（颗）	评价	左	右	评价	cm	评价	cm	评价	

听力测试

测试项目	脑干诱发电位	多频稳态电位	耳声发射	纯音测听	视觉强化测听
左耳（dB）					
右耳（dB）					
声导抗鼓室压图			A 型　□	B 型　□	C 型　□

助听器验配报告（1）

验配日期：____年____月____日

听力计型号：____　声强标准：SPL□ HL□

测试音：纯音□　啭音□　窄带噪音□　滤波复合音□

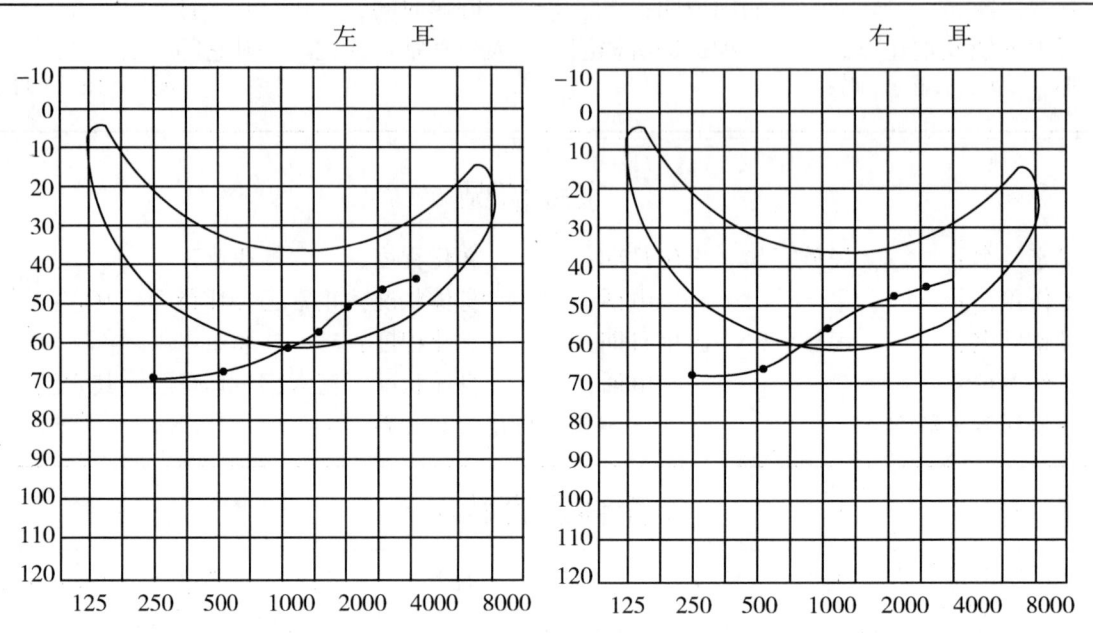

助听器处方

项目		左耳	右耳
助听器种类			
厂牌/型号			
系列号			
耳模/声孔			
设置参数	音调		
	音量		
放大类型			
保留增益			
声输出控制			
助听效果			
康复建议			

测听/助听人员签字：_____

助听器验配报告（2）

验配日期：____年____月_____日

听力计型号：_____ 声强标准：SPL□ HL□

测试音：纯音□ 啭音□ 窄带噪音□ 滤波复合音□

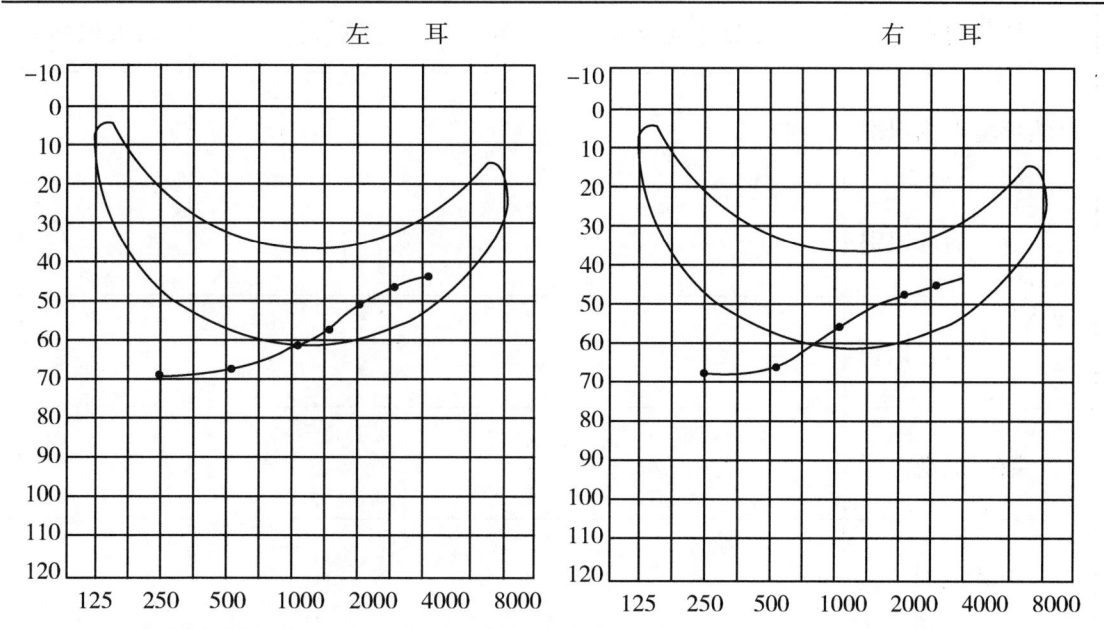

助听器处方

项目		左耳	右耳
助听器种类			
厂牌/型号			
系列号			
耳模/声孔			
设置参数	音调		
	音量		
放大类型			
保留增益			
声输出控制			
助听效果			
康复建议			

测听/助听人员签字：_____

听觉能力评估（1）

评估日期：_____
评估教师：_____
测试环境：_____   训练时间：_____

评估内容		错误走向记录（正确）－－（错误）	最大识别率
自然环境声响识别			
语音识别	韵母识别		
	声母识别		
数字识别			
声调识别			
单音节词识别			
双音节词识别			
三音节词识别			
短句识别			
选择性听取			
听觉康复级别		平均成绩	
康复建议			

听觉能力评估（2）

评估日期：_____   收训日期：_____
评估教师：_____
测试环境：_____   训练时间：_____

评估内容		错误走向记录（正确）－－（错误）	最大识别率
自然环境声响识别			
语音识别	韵母识别		
	声母识别		
数字识别			
声调识别			
单音节词识别			
双音节词识别			
三音节词识别			
短句识别			
选择性听取			
听觉康复级别		平均成绩	
康复建议			

语言能力评估（1）

评估日期：_____
评估教师：_____
测试环境：_____   训练时间：_____

评估内容	测试记录	测试结果	语言年龄
语音清晰度（%）			
词汇量			
语法能力（模仿句长）			
理解能力（听话识图）			
表达能力（看图说话）			
交往能力（主题对话）			
语言康复级别		平均综合语言年龄能力	
康复建议			

语言能力评估（2）

评估日期：_____
评估教师：_____
测试环境：_____   训练时间：_____

评估内容	测试记录	测试结果	语言年龄
语音清晰度（%）			
词汇量			
语法能力（模仿句长）			
理解能力（听话识图）			
表达能力（看图说话）			
交往能力（主题对话）			
语言康复级别		平均综合语言年龄能力	
康复建议			

学习能力评估（1）

评估日期：_____
评估教师：_____
测试环境：_____   训练时间：_____

测试内容	穿珠	记颜色	辨认图	联想	折纸	短记忆力	摆方木	完成图
原始得分								
单项智龄								
18-0	.	.	.	.	.	.	.	.
17-6	.	.	.	.	.	.	.	.
17-0	.	.	.	.	.	.	.	.
16-6	.	.	.	.	.	.	.	.
16-0	.	.	.	.	.	.	.	.
15-6	.	.	.	.	.	.	.	.
15-0	.	.	.	.	.	.	.	.
14-6	.	.	.	.	.	.	.	.
14-0	.	.	.	.	.	.	.	.
13-6	.	.	.	.	.	.	.	.
13-0	.	.	.	.	.	.	.	.
12-6	.	.	.	.	.	.	.	.
12-0	.	.	.	.	.	.	.	.
11-6	.	.	.	.	.	.	.	.
11-0	.	.	.	.	.	.	.	.
10-6	.	.	.	.	.	.	.	.
10-0	.	.	.	.	.	.	.	.
9-6	.	.	.	.	.	.	.	.
9-0	.	.	.	.	.	.	.	.
8-6	.	.	.	.	.	.	.	.
8-0	.	.	.	.	.	.	.	.
7-6	.	.	.	.	.	.	.	.
7-0	.	.	.	.	.	.	.	.
6-6	.	.	.	.	.	.	.	.
6-0	.	.	.	.	.	.	.	.
5-6	.	.	.	.	.	.	.	.
5-0	.	.	.	.	.	.	.	.
4-6	.	.	.	.	.	.	.	.
4-0	.	.	.	.	.	.	.	.
3-6	.	.	.	.	.	.	.	.
3-0	.	.	.	.	.	.	.	.
2-6	.	.	.	.	.	.	.	.

实际年龄：_____   智商/学习能力商
中位智龄：_____   _____
临床诊断：_____   百分位数：____%

优势项	劣势项

综合分析

康复建议

学习能力评估（2）

评估日期：_____
评估教师：_____
测试环境：_____   训练时间：_____

测试内容	穿珠	记颜色	辨认图	联想	折纸	短记忆力	摆方木	完成图
原始得分								
单项智龄								

实际年龄：_____　　智商/学习能力商
中位智龄：_____　　_____
临床诊断：_____　　百分位数：____%

智龄	穿珠	记颜色	辨认图	联想	折纸	短记忆力	摆方木	完成图
18-0	.	.	.	.	.	.	.	.
17-6	.	.	.	.	.	.	.	.
17-0	.	.	.	.	.	.	.	.
16-6	.	.	.	.	.	.	.	.
16-0	.	.	.	.	.	.	.	.
15-6	.	.	.	.	.	.	.	.
15-0	.	.	.	.	.	.	.	.
14-6	.	.	.	.	.	.	.	.
14-0	.	.	.	.	.	.	.	.
13-6	.	.	.	.	.	.	.	.
13-0	.	.	.	.	.	.	.	.
12-6	.	.	.	.	.	.	.	.
12-0	.	.	.	.	.	.	.	.
11-6	.	.	.	.	.	.	.	.
11-0	.	.	.	.	.	.	.	.
10-6	.	.	.	.	.	.	.	.
10-0	.	.	.	.	.	.	.	.
9-6	.	.	.	.	.	.	.	.
9-0	.	.	.	.	.	.	.	.
8-6	.	.	.	.	.	.	.	.
8-0	.	.	.	.	.	.	.	.
7-6	.	.	.	.	.	.	.	.
7-0	.	.	.	.	.	.	.	.
6-6	.	.	.	.	.	.	.	.
6-0	.	.	.	.	.	.	.	.
5-6	.	.	.	.	.	.	.	.
5-0	.	.	.	.	.	.	.	.
4-6	.	.	.	.	.	.	.	.
4-0	.	.	.	.	.	.	.	.
3-6	.	.	.	.	.	.	.	.
3-0	.	.	.	.	.	.	.	.
2-6	.	.	.	.	.	.	.	.

优势项	劣势项
综合分析	

康复建议：

学习起点评价记录

评估者姓名：

起点年龄	起点行为编号	最初评价	完成目标年、月、日	生理年龄	备　注
必要感知刺激领域					
六周以内	1	○□ ¤□ △□			
六周或稍大	2	○□ ¤□ △□			
六周以内	3	○□ ¤□ △□			
六周或稍大	4	○□ ¤□ △□			
六周以内	5	○□ ¤□ △□			
六周或稍大	6	○□ ¤□ △□			
	7	○□ ¤□ △□			
	8	○□ ¤□ △□			
	9	○□ ¤□ △□			
	10	○□ ¤□ △□			
	11	○□ ¤□ △□			
	12	○□ ¤□ △□			
	13	○□ ¤□ △□			
	14	○□ ¤□ △□			
	15	○□ ¤□ △□			
	16	○□ ¤□ △□			
	17	○□ ¤□ △□			
	18	○□ ¤□ △□			
	19	○□ ¤□ △□			
	20	○□ ¤□ △□			
	21	○□ ¤□ △□			
	22	○□ ¤□ △□			
	23	○□ ¤□ △□			
	24	○□ ¤□ △□			
	25	○□ ¤□ △□			
	26	○□ ¤□ △□			
	27	○□ ¤□ △□			
	28	○□ ¤□ △□			
	29	○□ ¤□ △□			
	30	○□ ¤□ △□			
	31	○□ ¤□ △□			
	32	○□ ¤□ △□			
	33	○□ ¤□ △□			
	34	○□ ¤□ △□			
	35	○□ ¤□ △□			
	36	○□ ¤□ △□			
	37	○□ ¤□ △□			
	38	○□ ¤□ △□			
	39	○□ ¤□ △□			
	40	○□ ¤□ △□			
	41	○□ ¤□ △□			
	42	○□ ¤□ △□			
	43	○□ ¤□ △□			
	44	○□ ¤□ △□			
	45	○□ ¤□ △□			

续表

必要感知刺激领域					
起点年龄	起点行为编号	最初评价	完成目标年、月、日	生理年龄	备　注
0-1	1	○□ ¤□ △□			
	2	○□ ¤□ △□			
	3	○□ ¤□ △□			
	4	○□ ¤□ △□			
	5	○□ ¤□ △□			
	6	○□ ¤□ △□			
	7	○□ ¤□ △□			
	8	○□ ¤□ △□			
	9	○□ ¤□ △□			
	10	○□ ¤□ △□			
	11	○□ ¤□ △□			
	12	○□ ¤□ △□			
	13	○□ ¤□ △□			
	14	○□ ¤□ △□			
1-2	15	○□ ¤□ △□			
	16	○□ ¤□ △□			
	17	○□ ¤□ △□			
	18	○□ ¤□ △□			
	19	○□ ¤□ △□			
	20	○□ ¤□ △□			
	21	○□ ¤□ △□			
	22	○□ ¤□ △□			
	23	○□ ¤□ △□			
	24	○□ ¤□ △□			
2-3	25	○□ ¤□ △□			
	26	○□ ¤□ △□			
	27	○□ ¤□ △□			
	28	○□ ¤□ △□			
	29	○□ ¤□ △□			
	30	○□ ¤□ △□			
	31	○□ ¤□ △□			
	32	○□ ¤□ △□			
	33	○□ ¤□ △□			
	34	○□ ¤□ △□			
	35	○□ ¤□ △□			
	36	○□ ¤□ △□			
	37	○□ ¤□ △□			
	38	○□ ¤□ △□			
	39	○□ ¤□ △□			
	40	○□ ¤□ △□			
	41	○□ ¤□ △□			
3-4	42	○□ ¤□ △□			
	43	○□ ¤□ △□			
	44	○□ ¤□ △□			
	45	○□ ¤□ △□			
	46	○□ ¤□ △□			
	47	○□ ¤□ △□			

续表

必要感知刺激领域					
起点年龄	起点行为编号	最初评价	完成目标年、月、日	生理年龄	备　注
3-4	48	○□ ¤□ △□			
	49	○□ ¤□ △□			
	50	○□ ¤□ △□			
	51	○□ ¤□ △□			
	52	○□ ¤□ △□			
	53	○□ ¤□ △□			
	54	○□ ¤□ △□			
	55	○□ ¤□ △□			
	56	○□ ¤□ △□			
	57	○□ ¤□ △□			
	58	○□ ¤□ △□			
	59	○□ ¤□ △□			
	60	○□ ¤□ △□			
	61	○□ ¤□ △□			
	62	○□ ¤□ △□			
	63	○□ ¤□ △□			
	64	○□ ¤□ △□			
	65	○□ ¤□ △□			
	66	○□ ¤□ △□			
4-5	67	○□ ¤□ △□			
	68	○□ ¤□ △□			
	69	○□ ¤□ △□			
	70	○□ ¤□ △□			
	71	○□ ¤□ △□			
	72	○□ ¤□ △□			
	73	○□ ¤□ △□			
	74	○□ ¤□ △□			
	75	○□ ¤□ △□			
	76	○□ ¤□ △□			
	77	○□ ¤□ △□			
	78	○□ ¤□ △□			
	79	○□ ¤□ △□			
	80	○□ ¤□ △□			
	81	○□ ¤□ △□			
	82	○□ ¤□ △□			
	83	○□ ¤□ △□			
	84	○□ ¤□ △□			
	85	○□ ¤□ △□			
	86	○□ ¤□ △□			
	87	○□ ¤□ △□			
5-6	88	○□ ¤□ △□			
	89	○□ ¤□ △□			
	90	○□ ¤□ △□			
	91	○□ ¤□ △□			
	92	○□ ¤□ △□			
	93	○□ ¤□ △□			
	94	○□ ¤□ △□			

续表

必要感知刺激领域					
起点年龄	起点行为编号	最初评价	完成目标年、月、日	生理年龄	备 注
5-6	95	○□ ¤□ △□			
	96	○□ ¤□ △□			
	97	○□ ¤□ △□			
	98	○□ ¤□ △□			
	99	○□ ¤□ △□			
	100	○□ ¤□ △□			
	101	○□ ¤□ △□			
	102	○□ ¤□ △□			
	103	○□ ¤□ △□			
	104	○□ ¤□ △□			
	105	○□ ¤□ △□			
	106	○□ ¤□ △□			
语言发展领域					
0-1	1	○□ ¤□ △□			
	2	○□ ¤□ △□			
	3	○□ ¤□ △□			
	4	○□ ¤□ △□			
	5	○□ ¤□ △□			
	6	○□ ¤□ △□			
	7	○□ ¤□ △□			
	8	○□ ¤□ △□			
	9	○□ ¤□ △□			
	10	○□ ¤□ △□			
1-2	11	○□ ¤□ △□			
	12	○□ ¤□ △□			
	13	○□ ¤□ △□			
	14	○□ ¤□ △□			
	15	○□ ¤□ △□			
	16	○□ ¤□ △□			
	17	○□ ¤□ △□			
	18	○□ ¤□ △□			
	19	○□ ¤□ △□			
	20	○□ ¤□ △□			
	21	○□ ¤□ △□			
	22	○□ ¤□ △□			
	23	○□ ¤□ △□			
	24	○□ ¤□ △□			
	25	○□ ¤□ △□			
	26	○□ ¤□ △□			
	27	○□ ¤□ △□			
	28	○□ ¤□ △□			
	29	○□ ¤□ △□			
	30	○□ ¤□ △□			
2-3	31	○□ ¤□ △□			
	32	○□ ¤□ △□			
	33	○□ ¤□ △□			
	34	○□ ¤□ △□			

续表

必要感知刺激领域					
起点年龄	起点行为编号	最初评价	完成目标年、月、日	生理年龄	备 注
2–3	35	○□ ¤□ △□			
	36	○□ ¤□ △□			
	37	○□ ¤□ △□			
	38	○□ ¤□ △□			
	39	○□ ¤□ △□			
	40	○□ ¤□ △□			
	41	○□ ¤□ △□			
	42	○□ ¤□ △□			
	43	○□ ¤□ △□			
	44	○□ ¤□ △□			
	45	○□ ¤□ △□			
	46	○□ ¤□ △□			
	47	○□ ¤□ △□			
	48	○□ ¤□ △□			
	49	○□ ¤□ △□			
	50	○□ ¤□ △□			
3–4	51	○□ ¤□ △□			
	52	○□ ¤□ △□			
	53	○□ ¤□ △□			
	54	○□ ¤□ △□			
	55	○□ ¤□ △□			
	56	○□ ¤□ △□			
	57	○□ ¤□ △□			
	58	○□ ¤□ △□			
	59	○□ ¤□ △□			
	60	○□ ¤□ △□			
	61	○□ ¤□ △□			
	62	○□ ¤□ △□			
	63	○□ ¤□ △□			
4–5	64	○□ ¤□ △□			
	65	○□ ¤□ △□			
	66	○□ ¤□ △□			
	67	○□ ¤□ △□			
	68	○□ ¤□ △□			
	69	○□ ¤□ △□			
	70	○□ ¤□ △□			
	71	○□ ¤□ △□			
	72	○□ ¤□ △□			
	73	○□ ¤□ △□			

续表

必要感知刺激领域					
起点年龄	起点行为编号	最初评价	完成目标年、月、日	生理年龄	备注
5-6	74	○□ ¤□ △□			
	75	○□ ¤□ △□			
	76	○□ ¤□ △□			
	77	○□ ¤□ △□			
	78	○□ ¤□ △□			
	79	○□ ¤□ △□			
	80	○□ ¤□ △□			
	81	○□ ¤□ △□			
	82	○□ ¤□ △□			
	83	○□ ¤□ △□			
	84	○□ ¤□ △□			
	85	○□ ¤□ △□			
社会行为领域					
0-1	1	○□ ¤□ △□			
	2	○□ ¤□ △□			
	3	○□ ¤□ △□			
	4	○□ ¤□ △□			
	5	○□ ¤□ △□			
	6	○□ ¤□ △□			
	7	○□ ¤□ △□			
	8	○□ ¤□ △□			
	9	○□ ¤□ △□			
	10	○□ ¤□ △□			
	11	○□ ¤□ △□			
	12	○□ ¤□ △□			
	13	○□ ¤□ △□			
	14	○□ ¤□ △□			
	15	○□ ¤□ △□			
	16	○□ ¤□ △□			
	17	○□ ¤□ △□			
	18	○□ ¤□ △□			
	19	○□ ¤□ △□			
	20	○□ ¤□ △□			
	21	○□ ¤□ △□			
	22	○□ ¤□ △□			
	23	○□ ¤□ △□			
	24	○□ ¤□ △□			
	25	○□ ¤□ △□			
	26	○□ ¤□ △□			
	27	○□ ¤□ △□			
	28	○□ ¤□ △□			

续表

必要感知刺激领域					
起点年龄	起点行为编号	最初评价	完成目标年、月、日	生理年龄	备注
1–2	29	○□ ¤□ △□			
	30	○□ ¤□ △□			
	31	○□ ¤□ △□			
	32	○□ ¤□ △□			
	33	○□ ¤□ △□			
	34	○□ ¤□ △□			
	35	○□ ¤□ △□			
	36	○□ ¤□ △□			
	37	○□ ¤□ △□			
	38	○□ ¤□ △□			
	39	○□ ¤□ △□			
	40	○□ ¤□ △□			
	41	○□ ¤□ △□			
	42	○□ ¤□ △□			
	43	○□ ¤□ △□			
2–3	44	○□ ¤□ △□			
	45	○□ ¤□ △□			
	46	○□ ¤□ △□			
	47	○□ ¤□ △□			
	48	○□ ¤□ △□			
	49	○□ ¤□ △□			
	50	○□ ¤□ △□			
	51	○□ ¤□ △□			
3–4	52	○□ ¤□ △□			
	53	○□ ¤□ △□			
	54	○□ ¤□ △□			
	55	○□ ¤□ △□			
	56	○□ ¤□ △□			
	57	○□ ¤□ △□			
	58	○□ ¤□ △□			
	59	○□ ¤□ △□			
	60	○□ ¤□ △□			
	61	○□ ¤□ △□			
	62	○□ ¤□ △□			
	63	○□ ¤□ △□			
4–5	64	○□ ¤□ △□			
	65	○□ ¤□ △□			
	66	○□ ¤□ △□			
	67	○□ ¤□ △□			
	68	○□ ¤□ △□			
	69	○□ ¤□ △□			
	70	○□ ¤□ △□			
	71	○□ ¤□ △□			
	72	○□ ¤□ △□			
5–6	73	○□ ¤□ △□			
	74	○□ ¤□ △□			
	75	○□ ¤□ △□			

续表

必要感知刺激领域					
起点年龄	起点行为编号	最初评价	完成目标年、月、日	生理年龄	备 注
5－6	76	○□ ¤□ △□			
	77	○□ ¤□ △□			
	78	○□ ¤□ △□			
	79	○□ ¤□ △□			
	80	○□ ¤□ △□			
	81	○□ ¤□ △□			
	82	○□ ¤□ △□			
	83	○□ ¤□ △□			

发展领域学习起点动态示意曲线

学习起点	必要感知刺激领域行为编号	认知发展领域行为编号	语言发展领域行为编号	社会行为领域行为编号	学习起点曲线填写时间标注
5－6					
4－5					
3－4					
1－2					
0－1					

（请老师或家长将每次评价每一领域最后通过的编号顺次，填写到对应领域及对应的学习起点年龄的空格内，再顺次以直线连接不同领域在每次评价时最后通过的行为编号，构成该聋儿阶段性学习起点曲线，并在最右侧的表格内注明每条曲线绘制的时间。）

第二章 一级配合性家庭教育活动

- 适用年龄：1~2岁
- 目标规划：1. 听懂更多的话并执行简单的任务。
  2. 学说单词和短句。
  3. 练习与成人接念儿歌。
  4. 喜欢看并听人讲解图画书
  5. 能用简单的语言表示请求和愿意。

周次：第1周　活动名称：拉大锯　　　　　　　　实施日期：

拉大锯，扯大锯，外婆家，唱大戏。
妈妈去，爸爸去，小宝宝，也要去。

活动目的：1. 喜欢听成人念儿歌。2. 巩固"妈妈"、"爸爸"语音知觉。3. 学发"妈妈"、"爸爸"。
活动过程：1. 妈妈出示图片，说："宝宝看，图上有个小宝宝在干什么呢？"稍停片刻，然后接着说："宝宝在玩'拉大锯'的游戏呢。"说着，边指图片边念儿歌给孩子听。
　　　　　2. "看，图片上的宝宝多高兴呀！××（孩子的名字），我们也玩这个'拉大锯'游戏。"说后，家长与孩子面对面，手拉手一起玩游戏。
注意事项：家长同孩子对坐膝上，到最后一个字时将手一松，让孩子身体向后倾斜，每次都一样，以后凡是到"也要去"时，孩子会自己将身体按节拍向后倾斜。在做游戏的过程中，鼓励自己的孩子模仿学发"妈妈"、"爸爸"语音。
教学反馈：○　　△　　□
强化活动指导：

活动领域	感知刺激	社会行为	认知发展	语言发展
活动编号				
效果反馈				

（请家长使用下列符号对孩子进行上述活动的结果反馈：○＝不能完成　△＝成人帮助下完成　□＝能够独立完成）

周次：第2周　活动名称：喂妈妈　　　　　　　　实施日期：

活动目的：1. 愿意把自己的食物"喂"给妈妈吃。2. 能用手将食物放进妈妈的嘴里。3. 巩固"妈妈"发音。

活动过程：1. 妈妈出示图片，说："宝宝看，图上有个小宝宝在干什么呢？"稍停片刻，然后接着说："宝宝在'喂妈妈吃饭'呢。"

2. 出示一盘点心，引起孩子注意。边出示点心边说："宝宝你们看，这是什么？对了，是××。你想不想吃？今天，宝宝要和妈妈一起吃。"当孩子"喂"妈妈吃点心时，妈妈不仅要说："宝宝，给妈妈吃。"且可用动作辅助，指指食物再指指自己的嘴巴。妈妈也喂孩子吃，相互反复喂几次之后，只要妈妈一说，孩子就知道将食物放进妈妈嘴里。每做一次家长都应该表扬孩子，并说："谢谢。"

注意事项：1. 接食物时，成人应将嘴靠近孩子的手，等孩子能熟练地掌握动作后，再增加一定的难度，家长可以站远些，头可左右晃动。2. 平时在家，成人可经常和孩子分享食物，养成分享的好习惯。

教学反馈：○　　△　　□

强化活动指导：

活动领域	感知刺激	社会行为	认知发展	语言发展
活动编号				
效果反馈				

（请家长使用下列符号对孩子进行上述活动的结果反馈：○＝不能完成　△＝成人帮助下完成　□＝能够独立完成）

周次：第 3 周　活动名称：找妈妈　　　　　　　　实施日期：

活动目的：能辨别妈妈和爸爸的声音。
活动过程：1. 妈妈出示图片，说："宝宝看，图上有个小宝宝在干什么呢？"稍停片刻，然后接着说："宝宝在听声音找妈妈呢。"
2. 然后让孩子与自己的爸爸面对面坐着，妈妈躲在爸爸的身后。突然，从爸爸的身后传来声音"宝宝"，或孩子的名字，使孩子迅速做出反应，转头寻声望去，爸爸随机说："宝宝，妈妈在哪里？"这时，孩子在爸爸的帮助下，找到妈妈。为了能使活动增添兴趣，妈妈和爸爸可互换角色。
注意事项：本活动可一直延续到 2~3 岁，这种辨别声音的活动从区分最为熟悉的双亲到较为熟悉的周围人的声音。
教学反馈：○　　△　　□
强化活动指导：

活动领域	感知刺激	社会行为	认知发展	语言发展
活动编号				
效果反馈				

（请家长使用下列符号对孩子进行上述活动的结果反馈：○ = 不能完成　△ = 成人帮助下完成　□ = 能够独立完成）

周次:第4周　活动名称:和布娃娃一起玩　　　　实施日期:

活动目的:1. 能模仿成人和布娃娃玩。2. 喜欢玩布娃娃。3. 初步感知"娃娃"语音。
活动过程:1. 准备好一个布娃娃,家长示范布娃娃的玩法。先将布娃娃藏在身后,然后再从身后将布娃娃拿出来引起孩子的注意:"哎呀,布娃娃真好玩,抱一抱她,布娃娃要睡觉了,轻轻地拍拍她。"家长边说边做抱、拍布娃娃等动作,家长引导孩子注意观看并模仿动作,模仿得好,及时表扬,并把布娃娃给这个孩子,再用语言指导:拍拍布娃娃,抱抱布娃娃,亲亲布娃娃等。
　　　　2. 孩子和布娃娃玩了一会儿之后,家长可以将布娃娃抱过来做一些新的动作,如跟布娃娃说话、唱歌,摸摸布娃娃的鼻子、眼睛、耳朵,和布娃娃比比谁的手大等。然后再将布娃娃交给孩子玩,指导他模仿这些动作。
注意事项:有的孩子害怕布娃娃,家长应让孩子逐渐地接触布娃娃,先玩给他看,然后和他一起玩,再让他单独玩。
教学反馈:○　　△　　□
强化活动指导:

活动领域	感知刺激	社会行为	认知发展	语言发展
活动编号				
效果反馈				

(请家长使用下列符号对孩子进行上述活动的结果反馈:○=不能完成　△=成人帮助下完成　□=能够独立完成)

周次：第 5 周　　活动名称：听声指图游戏 1　　　　　　　实施日期：

活动目的：1. 初步建立声响的概念。2. 初步建立声音与实物或图片的联系。

活动过程：1. 家长准备好孩子常见的（3种）能够发声的玩具2套。手指其中一套对孩子说："宝宝看，这是什么？听，它的声音可好听了。"边说边使玩具发出声响。之后，家长辅助孩子，通过孩子的亲自操作，也使玩具发出声响。同法，让孩子认识其余的声响玩具。

2. 然后，家长面对孩子，用一只手指自己的耳朵，示意孩子做好仔细听的准备。待孩子注意力集中后，用一只手操作藏起来的任意一套声响玩具，同时示意孩子"指一指，谁在响？"孩子指错不要紧，继续用玩具的声响提示，直至其指对。待其指认正确后，表扬他"好孩子！"，接下来，再学习辨认其他声响。

注意事项：如果孩子已能正确指认，家长可替换其他音响玩具，或让孩子背对你，进行再辨认。

教学反馈：○　　△　　□

强化活动指导：

活动领域	感知刺激	社会行为	认知发展	语言发展
活动编号				
效果反馈				

（请家长使用下列符号对孩子进行上述活动的结果反馈：○ = 不能完成　△ = 成人帮助下完成　□ = 能够独立完成）

周次：第6周　　活动名称：听声指图游戏2　　　　　　　实施日期：

活动目的：1. 巩固已学过的动物形象。2. 初步建立语音拟声与实物或图片的联系。

活动过程：1. 出示图片，给孩子讲解图片内容：这是小鸡的一家。宝宝看，这是鸡爸爸——大公鸡。你听，喔-喔-喔。大公鸡在叫呢。我们一起来学学看：喔-喔-喔。哪个是鸡妈妈，指一指？鸡妈妈在干什么？咯咯嗒，咯咯嗒，鸡妈妈在生蛋。我们一起来学学看：咯咯嗒。哪个是小鸡？小鸡怎么叫？小鸡唧唧唧。我们一起来学学看。唧唧唧，唧唧唧。

2. 然后，家长面对孩子，用一只手指自己的耳朵，示意孩子做好仔细听的准备。待孩子注意力集中后，家长并排坐在孩子听力补偿效果较好的耳朵一侧，说"宝宝听，是谁在叫呀？喔-喔-喔，请你指一指。"同法模仿小鸡、母鸡叫声，让孩子指认。孩子指认正确后，要及时鼓励。之后，也可让孩子模仿小动物的叫声，家长指认。

注意事项：如果孩子不能一次正确指认，家长可继续用拟音提示孩子，直至指认正确。

教学反馈：○　　△　　□

强化活动指导：

活动领域	感知刺激	社会行为	认知发展	语言发展
活动编号				
效果反馈				

（请家长使用下列符号对孩子进行上述活动的结果反馈：○ = 不能完成　△ = 成人帮助下完成　□ = 能够独立完成）

周次：第7周　活动名称：听声指图游戏3　　　　　　实施日期：

活动目的：1. 巩固已学过的动物形象。2. 学会辨认不同动物的叫声。
活动过程：1. 出示图片，给孩子讲解图片内容：小动物们在唱歌。宝宝看，这是谁呀？——小鸡。你听，唧唧唧。小鸡在唱歌。我们一起来学学看：唧唧唧。宝宝看，这是谁呀？——小狗。你听，汪汪汪。小狗在唱歌。我们一起来学学看：汪汪汪。宝宝看，这是谁呀？——小猫。你听，喵喵喵。小猫在唱歌。我们一起来学学看：喵喵喵。宝宝看，这是谁呀？——小鸭。你听，嘎嘎嘎。小鸭在唱歌。我们一起来学学看：嘎嘎嘎。
　　　　2. 然后，家长面对孩子，用一只手指自己的耳朵，示意孩子做好仔细听的准备。待孩子注意力集中后，家长并排坐在孩子听力补偿效果较好的耳朵一侧，说"宝宝听，是谁在唱歌呀？嘎嘎嘎，请你指一指。"同法模仿其余动物的叫声，让孩子指认。孩子指认正确后，要及时鼓励。之后，也可让孩子模仿小动物的叫声，家长指认。
注意事项：如果孩子不能一次正确指认，家长可继续用拟音提示孩子，直至指认正确。
教学反馈：○　　△　　□
强化活动指导：

活动领域	感知刺激	社会行为	认知发展	语言发展
活动编号				
效果反馈				

（请家长使用下列符号对孩子进行上述活动的结果反馈：○ = 不能完成　△ = 成人帮助下完成　□ = 能够独立完成）

周次：第 8 周　活动（1），名称：和妈妈一起折飞机　　　实施日期：

活动目的：1. 认识飞机的形象。2. 学发和巩固"嗡嗡嗡"。（纸飞机折法示意图见下页）

活动过程：1. 出示图片或玩具飞机，问孩子"这是什么？——飞机。看宝宝和妈妈在玩什么？——纸飞机。我们一起来折飞机。"

2. 发给孩子一张纸，请他跟家长一起照着步骤示意图折纸飞机。边折边说："小飞机，嗡嗡嗡"，让孩子和家长模仿发音。折好之后，家长让孩子手拿折好的飞机和自己一样，说："小飞机，起飞喽，嗡嗡嗡"。可作直线运动也可作曲线运动。让孩子模仿动作及发音。

注意事项：如果孩子不能折纸飞机，家长帮助他折好。在做飞机起飞运动时，可根据飞机运动时上下的变化，做出声调的变化。

教学反馈：○　　△　　□

强化活动指导：

活动领域	感知刺激	社会行为	认知发展	语言发展
活动编号				
效果反馈				

（请家长使用下列符号对孩子进行上述活动的结果反馈：○ = 不能完成　△ = 成人帮助下完成　□ = 能够独立完成）

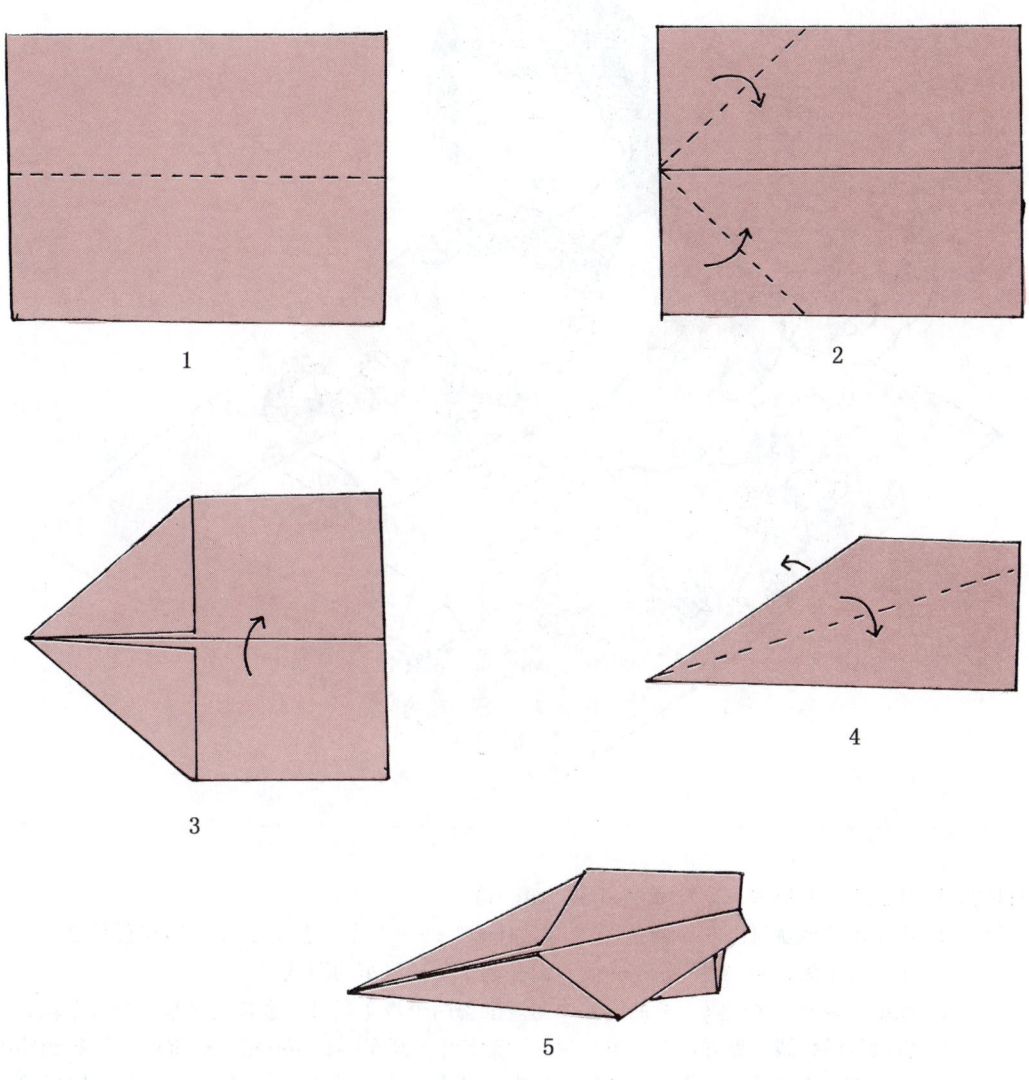

"纸飞机"折法示意图

周次：第8周　活动（2），名称：和妈妈一起开汽车　　　　实施日期：

活动目的：1. 认识汽车的形象。2. 学发和巩固"笛—笛——"。

活动过程：1. 出示图片或玩具汽车，问孩子"这是什么？——汽车。看宝宝和妈妈在玩什么？——汽车。汽车怎么叫？笛—笛——。我们一起来玩开汽车的游戏。"

2. 在纸上画好一个交叉、弯曲的路线图。准备两个汽车玩具。家长先拿起一个汽车玩具，沿着画好的路线，做开汽车示范，说："宝宝看，开车喽，笛—笛——呜——"每到路线交叉处都要重复前面的语音。然后，让孩子模仿家长一起玩。当孩子模仿发音接近目标音时，注意鼓励。

注意事项：如果孩子不会自己玩，家长帮助他沿路线开一次汽车。在开汽车沿路线行驶时，可根据路线的弯曲，做出开车时的声调变化。

教学反馈：○　　△　　□

强化活动指导：

活动领域	感知刺激	社会行为	认知发展	语言发展
活动编号				
效果反馈				

（请家长使用下列符号对孩子进行上述活动的结果反馈：○ = 不能完成　△ = 成人帮助下完成　□ = 能够独立完成）

周次：第8周　活动（3），名称：和妈妈一起搭火车　　　实施日期：

活动目的：1. 巩固火车的形象认知。2. 学发和巩固"呜——和库、库、库、库"的发音。
活动过程：1. 准备一些方块积木和一个用硬纸卡做的"拱形山洞"。
　　　　　2. 出示本图画面，对孩子说："瞧，宝宝和妈妈在做什么？——搭火车。火车怎样叫？呜——库、库、库、库，多好玩呀！我们也搭个火车，钻山洞。"
　　　　　3. 家长发给孩子一些积木，自己先用一个大积木当车头，然后说"这是火车头。"再找一块小积木当车箱，告诉孩子："这是车箱"，然后请孩子和家长一起顺次搭建火车车厢。积木全部用完后，出示"拱形山洞"。家长示范，用手推动搭好的积木火车，通过"山洞"，同时嘴上模拟发音"呜——库、库、库、库"。然后让孩子一起玩过山洞的游戏。鼓励孩子模仿发音。
注意事项：有一定能力的孩子，可让其模仿家长独自搭火车。之后，示意孩子推着自己的火车模仿家长，过山洞。
教学反馈：○　　△　　□
强化活动指导：

活动领域	感知刺激	社会行为	认知发展	语言发展
活动编号				
效果反馈				

（请家长使用下列符号对孩子进行上述活动的结果反馈：○ = 不能完成　△ = 成人帮助下完成　□ = 能够独立完成）

周次：第 8 周　活动（4），名称：什么车开来了？　　　　实施日期：

活动目的：1. 巩固常见交通工具的形象认知。2. 根据语音拟声辨别、指认交通工具。

活动过程：1. 出示本图画面，对孩子说："瞧，这是什么？——火车。火车怎样叫？呜——库、库、库、库。这是什么？——汽车。汽车怎样叫？——笛笛笛。这是什么？——自行车。自行车怎样叫？——叮呤呤。"逐一让孩子模仿发音。

2. 然后，家长面对孩子，用一只手指自己的耳朵，示意孩子做好仔细听的准备。待孩子注意力集中后，家长并排坐在孩子听力补偿效果较好的耳朵一侧，说"宝宝听，是什么车开来了？——呜——库、库、库、库，请你指一指。"同法模仿其余交通工具，让孩子指认。孩子指认正确后，要及时鼓励。之后，也可让孩子模仿交通工具拟声，家长指认。

注意事项：如果孩子不能一次正确指认，家长可继续用拟音提示孩子，直至指认正确。

教学反馈：○　　△　　□

强化活动指导：

活动领域	感知刺激	社会行为	认知发展	语言发展
活动编号				
效果反馈				

（请家长使用下列符号对孩子进行上述活动的结果反馈：○ = 不能完成　△ = 成人帮助下完成　□ = 能够独立完成）

周次：第9周　活动名称：摸五官　　　　　　　　实施日期：

活动目的：1. 复习认识眼睛、耳朵、鼻子、嘴。2. 能用手指正确地指出。
活动过程：家长和孩子面对面散坐在地毯上。
　　　　1. 提示本课内容。
　　　　家长说："今天，宝宝要和爸爸（妈妈）玩游戏——摸摸眼睛、鼻子、耳朵、嘴在哪里，看看哪个宝宝最能干。"
　　　　2. 游戏。
　　　　家长说："宝宝，宝宝真爱玩，摸摸这，摸摸那，摸摸小鼻子，用手指出来。"让孩子用手指住自己的鼻子，家长看看，孩子指对了没有，眼睛、耳朵、嘴用同样的方法。
　　　　家长说："宝宝，宝宝真爱玩，摸摸这，摸摸那，摸摸爸爸的耳朵，用手指出来。"让孩子用手摸成人的五官，眼睛、嘴、鼻子用同样的方法。
注意事项：开始时，如果孩子不能理解游戏，可请另一位家长示范。等孩子大点还可扩大到脚、手等。
教学反馈：○　　△　　□
强化活动指导：

活动领域	感知刺激	社会行为	认知发展	语言发展
活动编号				
效果反馈				

　　　（请家长使用下列符号对孩子进行上述活动的结果反馈：○＝不能完成　△＝成人帮助下完成　□＝能够独立完成）

周次：第 10 周　　活动名称：笑比哭好　　　　　　　　实施日期：

活动目的：1. 看图学说话：笑了，哭了。2. 知道哭了不好看，笑了好看。
活动过程：1. 准备好一面小镜子。图片画面：一张笑脸、一张哭脸。录音机：笑声、哭声。
　　　　　2. ①指着哭脸问：这个小朋友怎么了？（哭了）②指着笑脸问：这个小朋友怎么了？（笑了）
　　　　　3. 听录音：笑声和哭声。提问：哪个声音好？（笑声）
　　　　　4. 和孩子手持小镜子玩笑和哭的游戏，让孩子说说哪张脸好看，是笑脸好看，还是哭脸好看？（笑脸好看）
注意事项：有条件的情况下，可用录音机录下孩子自己哭时和笑时的声音，用作录音材料。
教学反馈：○　　△　　□
强化活动指导：

活动领域	感知刺激	社会行为	认知发展	语言发展
活动编号				
效果反馈				

（请家长使用下列符号对孩子进行上述活动的结果反馈：○ = 不能完成　△ = 成人帮助下完成　□ = 能够独立完成）

周次：第 11 周　活动名称：谁在哭？谁在笑？　　　实施日期：

活动目的：1. 复习理解哭与笑的语义。2. 正确判断哭与笑的表情。
活动过程：1. 先复习上一个活动内容，帮助孩子巩固哭与笑对应的表情含义。
　　　　　2. 出示本张图片，让孩子找一找并确认谁哭了？谁笑了？
注意事项：当孩子确认图片后，让他模仿哭或笑的表情。
教学反馈：○　　△　　□
强化活动指导：

活动领域	感知刺激	社会行为	认知发展	语言发展
活动编号				
效果反馈				

　（请家长使用下列符号对孩子进行上述活动的结果反馈：○ = 不能完成　△ = 成人帮助下完成　□ = 能够独立完成）

周次：第 12 周　活动名称：喂娃娃吃东西　　　　　　　　实施日期：

活动目的：1. 练习手眼协调。2. 学说"娃娃吃饭"。
活动过程：1. 用雪碧瓶做个娃娃、白脸谱，嘴巴处剪开，可以喂食，准备一把勺子，一碗木珠做教具。
　　　　　2. 出示本张图片，给孩子提问："这是谁？（小姐姐）这是谁？（娃娃）。听娃娃在说肚子饿了，小姐姐在喂娃娃吃饭呢。来，宝宝，我们来喂娃娃吃饭。
　　　　　3. 出示制作的"娃娃"教具，示范手拿勺子，从小碗里舀上木珠对准娃娃的嘴巴喂进去，还说："娃娃吃饭。"让孩子模仿喂娃娃，鼓励他说出"娃娃吃饭"这样的句子。家长观察孩子，是否能用勺舀，如方法不当，家长可再示范一下，让孩子仔细看清楚怎样拿勺，怎样舀东西。
注意事项：不要让孩子把勺子放进自己的嘴里，特别是"食物"不要情不自禁地喂到自己的嘴里。
教学反馈：○　　△　　□
强化活动指导：

活动领域	感知刺激	社会行为	认知发展	语言发展
活动编号				
效果反馈				

（请家长使用下列符号对孩子进行上述活动的结果反馈：○＝不能完成　△＝成人帮助下完成　□＝能够独立完成）

周次：第 13 周　活动名称：谁该洗脸了？　　　　　实施日期：

活动目的：1. 复习词汇"洗脸"。2. 理解"脏"的语义。

活动过程：家长出示本张图片，问孩子"这是谁呀？（小白兔）这是谁呀？（小狗）这是谁呀？（小猪）。小猪的脸怎么了？（脏了）。宝宝说是谁该洗脸了？（小猪）。"小白兔的脸干净吗？（干净）小狗的脸干净吗？（干净）小白兔要洗脸吗？（不要）小狗要洗脸吗？（不要）宝宝的脸干净吗？（干净）宝宝要洗脸吗？（不要）。和妈妈一起说，小猪该洗脸了。

注意事项：大点的孩子，问话内容还可以扩展到身体的其他部分。

教学反馈：〇　　△　　□

强化活动指导：

活动领域	感知刺激	社会行为	认知发展	语言发展
活动编号				
效果反馈				

（请家长使用下列符号对孩子进行上述活动的结果反馈：〇＝不能完成　△＝成人帮助下完成　□＝能够独立完成）

周次：第14周　　活动名称：给娃娃洗澡　　　　　　　　实施日期：

活动目的：1. 学习为娃娃脱衣服和鞋子。2. 能较耐心地学习简单的生活技能。3. 学说句子"给娃娃洗澡"。

活动过程：1. 家长出示本张图片，问孩子"这是谁呀？（小姐姐）这是谁呀？（娃娃）。小姐姐在做什么呀？（给娃娃洗澡）娃娃多高兴呀！"

2. 拿出准备好的娃娃，对孩子说："我们的娃娃也脏了，我们给娃娃洗澡。"之后，边示范边说："先给娃娃脱衣服、脱裤子、脱鞋子。"最后用毛巾给娃娃身上擦一擦，表示洗澡。洗完后，家长以娃娃的口吻说："哎呀，洗过澡真舒服，小朋友，快帮你的娃娃也洗干净吧！"激发孩子给娃娃洗澡的愿望。

3. 指导自己的孩子给娃娃洗澡。家长坐在孩子的旁边，指导孩子给娃娃脱衣服、脱裤子、脱鞋子。孩子每给娃娃脱下一样东西，家长都应表扬他，使孩子对后面的活动更有信心。全部脱完、洗好以后，家长应赞美孩子："哎呀，娃娃洗得真干净。"最后由家长协助孩子一起将娃娃的衣服穿好，并抱着娃娃玩一玩。

注意事项：家长给予提示帮助，不要代替，2岁以后可由孩子独立操作"脱去"过程，并可逐渐学习"穿上"。

教学反馈：○　　△　　□

强化活动指导：

活动领域	感知刺激	社会行为	认知发展	语言发展
活动编号				
效果反馈				

（请家长使用下列符号对孩子进行上述活动的结果反馈：○ = 不能完成　△ = 成人帮助下完成　□ = 能够独立完成）

周次：第15周　　活动名称：谁是乖宝宝？　　　　　　　实施日期：

活动目的：1. 理解什么是好的生活习惯。2. 在家长的引导下，能够判断好的行为习惯。

活动过程：家长出示本张图片，讲给孩子听"天黑了，宝宝们该睡觉了。小妹妹，自己上床，盖上被子，睡着了。小妹妹乖吗？（乖）小宝宝怎么了？（哭了）小宝宝睡觉了吗？（没睡觉）小宝宝乖吗？（不乖）想一想，谁是乖宝宝？

注意事项：大点的孩子，家长可先让孩子仔细看图，自己进行判断。如果孩子不能用语言回答，正确指认也可以。

教学反馈：○　　△　　□

强化活动指导：

活动领域	感知刺激	社会行为	认知发展	语言发展
活动编号				
效果反馈				

（请家长使用下列符号对孩子进行上述活动的结果反馈：○ = 不能完成　△ = 成人帮助下完成　□ = 能够独立完成）

周次：第 16 周　活动名称：谁的鞋子？　　　　　　　　实施日期：

活动目的：1. 复习词汇"鞋子"。2. 巩固、学说"摔倒"。
活动过程：家长出示本张图片，讲给孩子听"这是谁呀？（宝宝）这是谁呀？（妈妈）这是什么？（鞋子）这里有好多鞋子。妈妈穿的鞋子那么小，这是谁的鞋子呀？（宝宝的鞋子）宝宝穿的鞋子那么大，那是谁的鞋子呀？（爸爸的鞋子），宝宝穿大人的鞋子会怎样？（摔倒）宝宝该穿什么样的鞋子呢？找找看？（引导孩子说出'小的鞋子'）"。
注意事项：为了帮助孩子理解，家长可以借助实际的鞋子，让孩子比一比大小，找出哪双是孩子应该穿的鞋子。
教学反馈：○　△　□
强化活动指导：

活动领域	感知刺激	社会行为	认知发展	语言发展
活动编号				
效果反馈				

（请家长使用下列符号对孩子进行上述活动的结果反馈：○ = 不能完成　△ = 成人帮助下完成　□ = 能够独立完成）

周次：第 17 周　　活动名称：谁不乖？　　　　　　　实施日期：

活动目的：1. 学习回答否定问句。2. 巩固、学说"不乖"。

活动过程：家长出示本张图片，讲给孩子听"这是什么？（西瓜）西瓜怕摔。小牛怎样运西瓜？（挑西瓜）小猪怎样运西瓜？（抱西瓜）小熊怎样运西瓜？（用篮子搬西瓜）小兔怎样运西瓜？（抬西瓜）小猴怎样运西瓜？（踢西瓜）宝宝想想看，哪个小动物不乖？

注意事项：如果孩子不能正确回答，家长可以在每幅图说完后，紧接着给予肯定的回答"真乖"还是"不乖"，然后再让孩子判断"谁不乖？"

教学反馈：○　　△　　□

强化活动指导：

活动领域	感知刺激	社会行为	认知发展	语言发展
活动编号				
效果反馈				

（请家长使用下列符号对孩子进行上述活动的结果反馈：○ = 不能完成　△ = 成人帮助下完成　□ = 能够独立完成）

周次：第 18 周　　活动名称：和小猫、小狗、小兔再见　　　　实施日期：

活动目的：看图说话，复习词汇"再见"。

活动过程：1. 家长出示本张图片，依图讲给孩子听"宝宝要回家了，宝宝对小猫说'再见'，小猫说'再见'；宝宝对小狗说'再见'，小狗说'再见'；宝宝又对小兔说'再见'，小兔也说'再见'。他们都是有礼貌的好孩子。"

　　　　　2. 指导孩子看图说话，依次提示宝宝说什么，小动物们说什么。鼓励孩子说出再见。必要时，可用"挥手"动作，提示孩子应该说的话。

注意事项：在孩子的讲述中，如遇到困难，家长可以讲述主要句子，但要把关键词汇"再见"留给孩子说。平时，在即将和熟人分别的场景中，一定要引导孩子主动和别人说"再见"，养成有礼貌的好习惯。

教学反馈：○　　△　　□

强化活动指导：

活动领域	感知刺激	社会行为	认知发展	语言发展
活动编号				
效果反馈				

（请家长使用下列符号对孩子进行上述活动的结果反馈：○ = 不能完成　△ = 成人帮助下完成　□ = 能够独立完成）

周次:第 19 周　活动名称:听指令找物　　　　实施日期:

活动目的:1. 巩固对日常用品名称的认识。2. 听名称指认物品。

活动过程:1. 家长出示本张图片,依图问孩子"这是什么?(水杯)这是什么?(勺)这是什么?(小镜子)"。

2. 然后,家长面对孩子,用一只手指自己的耳朵,示意孩子做好仔细听的准备。待孩子注意力集中后,家长并排坐在孩子听力补偿效果较好的耳朵一侧,分别说出物品的名称,请孩子指认。孩子指认正确后,要及时鼓励。之后,也可让孩子说名称,家长指认。

注意事项:家长也可以把一些常见的、孩子熟悉的日常生活用品实物,作为孩子指认的内容。但数量不要超过 3 个,且指代物品的名称音节数量最好不同。

教学反馈:○　　△　　□

强化活动指导:

活动领域	感知刺激	社会行为	认知发展	语言发展
活动编号				
效果反馈				

（请家长使用下列符号对孩子进行上述活动的结果反馈:○ = 不能完成　△ = 成人帮助下完成　□ = 能够独立完成）

周次：第 20 周　　活动名称：尝一尝，甜不甜　　　　　实施日期：

活动目的：1. 巩固对常见水果名称的认识。2. 听名称指认水果。

活动过程：1. 家长出示本张图片，依图问孩子"这是什么？（香蕉）这是什么？（苹果）这是什么？（草莓）这是什么？（梨）"。然后出示准备好的果盘（装有上述的水果），让孩子逐一品尝，是什么滋味的。问他"甜吗?"回答"甜"或"不甜"。

2. 家长面对孩子，用一只手指自己的耳朵，示意孩子做好仔细听的准备。待孩子注意力集中后，家长并排坐在孩子听力补偿效果较好的耳朵一侧，分别说出上述水果的名称，请孩子指认。孩子指认正确后，要及时鼓励。之后，也可让孩子说名称，家长指认。

注意事项：如果上述水果在本地不常能在市场上买到，就以当地的常见水果为练习内容。

教学反馈：○　　△　　□

强化活动指导：

活动领域	感知刺激	社会行为	认知发展	语言发展
活动编号				
效果反馈				

（请家长使用下列符号对孩子进行上述活动的结果反馈：○ = 不能完成　△ = 成人帮助下完成　□ = 能够独立完成）

周次：第 21 周　活动名称：谁的衣服和裤子？　　　　　实施日期：

活动目的：巩固复习词汇"衣服"、"裤子"。

活动过程：1. 家长出示本张图片，依图讲述给孩子听"这是妈妈的衣服。这是妈妈的裙子。这是娃娃的裤子。这是宝宝的衣服。边讲述边引导孩子学说词汇"衣服"、"裤子"。

2. 指图进行提问练习。这是谁的衣服？（引导孩子用完整句回答：这是××的衣服或裤子）。

注意事项：当孩子不能回答时，用这样的语言进行提示：大人穿的，然后再问，这是××的衣服（或裤子）？

教学反馈：○　　△　　□

强化活动指导：

活动领域	感知刺激	社会行为	认知发展	语言发展
活动编号				
效果反馈				

（请家长使用下列符号对孩子进行上述活动的结果反馈：○＝不能完成　△＝成人帮助下完成　□＝能够独立完成）

周次：第 22 周　活动名称：复习儿歌《小猫种瓜》　　　实施日期：

活动目的：1. 巩固、复述儿歌。2. 学会按节奏说儿歌。
活动过程：1. 家长出示本张图片，依图讲述给孩子听"小花猫，学种瓜，大西瓜，不开花，小猫馋得眼巴巴"。
　　　　　2. 边用手打拍子，或敲节奏，边念儿歌给孩子听，并让孩子模仿复述儿歌。
注意事项：当给孩子念儿歌时，语速可放慢些，但不要夸张口型。对孩子的主动反应，要及时给予鼓励。
教学反馈：○　　△　　□
强化活动指导：

活动领域	感知刺激	社会行为	认知发展	语言发展
活动编号				
效果反馈				

（请家长使用下列符号对孩子进行上述活动的结果反馈：○ = 不能完成　△ = 成人帮助下完成　□ = 能够独立完成）

周次：第 23 周　活动（1），名称：分萝卜　　　　　　实施日期：

活动目的：1. 巩固复习词汇"萝卜"。2. 能从图片中找出"萝卜"。
活动过程：家长出示本张图片，依图讲述给孩子听"这是青菜妈妈。这是萝卜妈妈。她们在叫萝卜宝宝回家。我们一起找找，哪个是萝卜，哪个是青菜？请你指一指"。
注意事项：利用孩子已有的颜色经验，家长可用彩笔把萝卜涂成红色的，青菜涂成绿色的，给孩子提供线索。大点的孩子可以在其正确指认后，要求他涂色。
教学反馈：○　　△　　□
强化活动指导：

活动领域	感知刺激	社会行为	认知发展	语言发展
活动编号				
效果反馈				

（请家长使用下列符号对孩子进行上述活动的结果反馈：○＝不能完成　△＝成人帮助下完成　□＝能够独立完成）

周次：第 23 周　活动（2），名称：小兔爱吃什么？　　　　实施日期：

活动目的：1. 巩固复习词汇"小白兔"。2. 初步掌握兔子的饮食习性。3. 会使用"××吃××"句型表述。

活动过程：家长出示本张图片，依图讲述给孩子听"这是什么？（萝卜）这是什么？（青菜）小白兔饿了，来到这块菜地前，找它爱吃的东西。小白兔爱吃什么呢？宝宝给小白兔指一指，告诉小白兔好吗？（小白兔爱吃萝卜）"。

注意事项：家长还可以准备一些其它小动物的造型玩具，延伸提问如"小狗饿了，小狗吃什么呀？请你告诉它。"

教学反馈：〇　　△　　☐

强化活动指导：

活动领域	感知刺激	社会行为	认知发展	语言发展
活动编号				
效果反馈				

（请家长使用下列符号对孩子进行上述活动的结果反馈：〇＝不能完成　△＝成人帮助下完成　☐＝能够独立完成）

周次：第 24 周　活动名称：谁的小旗多？　　　　　　　实施日期：

活动目的：1. 巩固理解"多"与"少"的概念。2. 初步运用"多与少"。3. 模仿学习使用"××的小旗多"句型表述结果。

活动过程：家长出示本张图片，依图给孩子讲："这是青蛙，手里拿着什么呀？（小旗）。这是小鸭，手里拿着什么呀？（小旗）谁的小旗多呀？（引导孩子比一比，说出'小鸭的小旗多。'）"继续看下面一组图："这是小兔，手里拿着什么？（小旗）这是小猴，手里拿着什么？（小旗）谁的小旗多呀？（鼓励孩子思考，鼓励孩子独立说出'小兔的小旗多'）"。

注意事项：如果孩子能够理解，家长可扩展提问"谁的小旗少呀？"

教学反馈：○　　△　　□

强化活动指导：

活动领域	感知刺激	社会行为	认知发展	语言发展
活动编号				
效果反馈				

（请家长使用下列符号对孩子进行上述活动的结果反馈：○ = 不能完成　△ = 成人帮助下完成　□ = 能够独立完成）

周次：第 25 周　活动名称：指出圆圆的东西　　　　　　　实施日期：

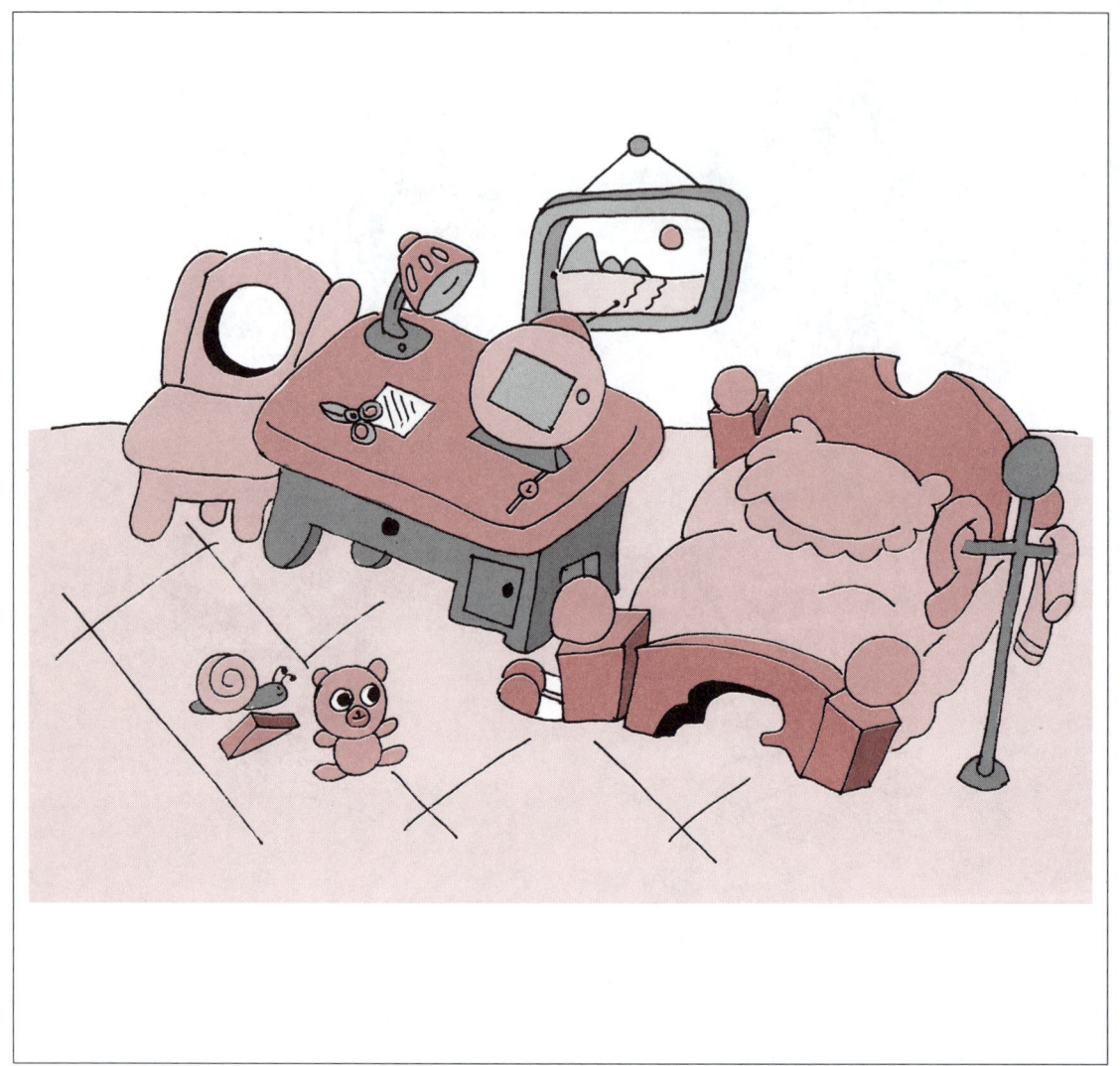

活动目的：1. 巩固理解"圆圆"的概念。2. 初步运用"圆"的概念进行判断。3. 学说"这是圆圆的"句型

活动过程：家长出示本张图片，依图给孩子讲："这是宝宝睡觉的地方。这里有好多圆圆的东西。宝宝仔细看，哪些东西是圆圆的？"。

注意事项：如果孩子能够理解"圆圆的"，并进行正确判断，家长可扩展提问"哪些东西不是圆圆的？"

教学反馈：○　　△　　□

强化活动指导：

活动领域	感知刺激	社会行为	认知发展	语言发展
活动编号				
效果反馈				

（请家长使用下列符号对孩子进行上述活动的结果反馈：○ = 不能完成　△ = 成人帮助下完成　□ = 能够独立完成）

周次：第 26 周　　活动名称：变魔术的小手　　　　　　　　实施日期：

活动目的：1. 知道每个人都有两只手，大人手大，宝宝手小。2. 巩固理解"大"、"小"。
活动过程：1. 家长出示本张图片，依图给孩子讲："宝宝有一双聪明的小手。看图上的宝宝在干什么？（画画）宝宝的手真能干"。
2. 家长举起一只手问孩子："宝宝，看！这是什么？""手"，"宝宝的手在哪里，举起来。"让孩子举起手，"噢，这是宝宝的手。""看看，手上有什么？"（有手指头）"宝宝有几只手？"边说边向前一只只伸出手，并嘴里数着"一、二"，"妈妈有两只手，宝宝也有两只手。"
3. "宝宝的手和妈妈的手比一比，看看哪个手大，哪个手小。"妈妈手大，宝宝手小，反复说两遍，强化大小。
4. 用手做游戏：宝宝小手拍一拍，宝宝小手举起来，宝宝小手转一转，宝宝小手藏起来。
注意事项：宝宝除了与妈妈比手，还可以和其他家人的手一一比比，这要看看孩子是否有兴趣。
教学反馈：○　　△　　□
强化活动指导：

活动领域	感知刺激	社会行为	认知发展	语言发展
活动编号				
效果反馈				

（请家长使用下列符号对孩子进行上述活动的结果反馈：○ = 不能完成　△ = 成人帮助下完成　□ = 能够独立完成）

周次：第 27 周　　活动名称：看影子辨物体　　　　　　　　实施日期：

活动目的：1. 复习常见物体的名称。2. 结合听觉培养初步的视觉辨别力。
活动过程：1. 家长出示本张图片，依图给孩子讲："这是什么？（萝卜）这是什么？（西瓜）这是什么？（勺子）这是什么？（梳子）这是什么？（台灯）这是什么？（碗）这是什么？（苹果）这是什么？（水杯）"。指图中间部分"这些是它们的影子。妈妈说一个东西的名字，宝宝就指一指它的影子。"
2. 如果孩子不能一次指对，继续多说几遍这个物品的名称，鼓励孩子正确指认。
3. 家长和孩子轮换，让孩子说，妈妈指。有时可故意指错说"再说一遍"这样可以练习孩子的发音。
注意事项：有一定听觉能力的孩子，妈妈可以采用并排坐在孩子听力补偿效果较好的耳朵一侧，进行上面的游戏。
教学反馈：○　　△　　□
强化活动指导：

活动领域	感知刺激	社会行为	认知发展	语言发展
活动编号				
效果反馈				

（请家长使用下列符号对孩子进行上述活动的结果反馈：○ = 不能完成　△ = 成人帮助下完成　□ = 能够独立完成）

周次：第 28 周　活动名称：照镜子做怪样　　　　　实施日期：

活动目的：1. 能模仿成人做动作。2. 喜欢对镜子做出各种好玩的动作，丰富表情。

活动过程：1. 家长出示图片，问孩子"小宝宝在干什么？（照镜子，做怪样）我们玩一个'做怪样'的游戏"。家长先做一个眯眼睛、挤鼻子的动作给孩子看，引起孩子的兴趣，然后说："让我来照照镜子。"接着对着事先准备好的镜子做出各种怪样，边做边说："咦，真好玩。"

2. 家长把孩子带到穿衣镜前，对镜子做伸舌头、单手捏鼻子、扭屁股等动作，看孩子是否会模仿。家长可用语言进行提示："宝宝，和爸爸一样伸伸舌头，捏捏鼻子，扭扭屁股。"孩子模仿得好给予表扬。

3. 家长模仿孩子的动作。家长说："宝宝，你来做动作，爸爸跟你学。"

注意事项：家长的动作应简单些，便于孩子模仿。

教学反馈：○　　△　　□

强化活动指导：

活动领域	感知刺激	社会行为	认知发展	语言发展
活动编号				
效果反馈				

（请家长使用下列符号对孩子进行上述活动的结果反馈：○ = 不能完成　△ = 成人帮助下完成　□ = 能够独立完成）

周次：第29周　　活动名称：小动物住在哪儿？　　　　　实施日期：

活动目的：1. 复习理解"小动物的家"。2. 复习使用句型"送××回家"。

活动过程：家长出示图片，讲给孩子听"这是谁呀？（小白兔）这是谁呀？（小花猫）这是谁呀？（小鸟）这是谁呀？（小狗）小动物不认识家了，怎么办？（稍停片刻，让孩子思考）我们送小动物回家吧！宝宝仔细听，小狗说：'它的家里有骨头'，指一指，哪儿是小狗的家？"待孩子确认后，家长先说"小狗的家在这里。"引导孩子学，让孩子说："送小狗回家。"继续，"小鸟说它的家在树上，指一指，哪儿是小鸟的家？"待孩子确认后，家长先说"小鸟的家在这里。"引导孩子学让孩子说："送小鸟回家。"（小猫的家里有鱼，小白兔的家里有萝卜）同法，让孩子指认其余小动物的家，引导学说"送××回家"。

注意事项：当孩子不能正确指认时，可重复小动物说的话，继续给孩子提供寻找的线索。

教学反馈：○　　△　　□

强化活动指导：

活动领域	感知刺激	社会行为	认知发展	语言发展
活动编号				
效果反馈				

（请家长使用下列符号对孩子进行上述活动的结果反馈：○ = 不能完成　△ = 成人帮助下完成　□ = 能够独立完成）

周次：第30周　活动名称：（配对）找妈妈　　　　　　实施日期：

活动目的：1. 巩固、复习学说"这是××的妈妈"。2. 根据动物外形配对找图。

活动过程：家长出示图片，讲给孩子听"小动物找不到妈妈了。这是小羊（在图片右下角）。"然后指图片右上角位置"这是小羊的妈妈。"接着指图片左上角"这是小猫。小猫的妈妈在哪里？宝宝指一指，谁是小猫的妈妈？"以同法让孩子找到小鸡和小鸭的妈妈，学说句型"这是××的妈妈"。

注意事项：当孩子不能正确指认时，可增加一些语音提示信息，如"小鸡的妈妈尖尖嘴"，给孩子提供寻找的线索。

教学反馈：○　△　□

强化活动指导：

活动领域	感知刺激	社会行为	认知发展	语言发展
活动编号				
效果反馈				

（请家长使用下列符号对孩子进行上述活动的结果反馈：○ = 不能完成　△ = 成人帮助下完成　□ = 能够独立完成）

周次：第 31 周　　活动名称：（看图）听指令做动作　　　　实施日期：

活动目的：听指令做动作。

活动过程：家长出示图片，讲给孩子听"小宝宝真聪明，他会爬、会走、会蹲下、会站起。我们玩个游戏吧。妈妈一说，你也像宝宝一样做。"然后并排站在孩子听力补偿效果较好的耳朵一侧，家长发号施令"蹲下、起立、走步、爬爬"。

注意事项：当孩子不能正确辨听时，可用动作提示，让孩子模仿。待孩子理解了"指令"与"动作"之间的关系后，不再提示。一段时间后，家长和孩子可互换游戏角色。有一定听力基础的孩子也可增加其他的动作内容。

教学反馈：○　　△　　□

强化活动指导：

活动领域	感知刺激	社会行为	认知发展	语言发展
活动编号				
效果反馈				

（请家长使用下列符号对孩子进行上述活动的结果反馈：○ = 不能完成　△ = 成人帮助下完成　□ = 能够独立完成）

周次：第32周　活动名称：帮宝宝找玩具　　　　　　实施日期：

活动目的：1. 形成初步的自我意识。2. 复习巩固"我的××"表达方式。

活动过程：1. 家长出示图片，讲给孩子听"小宝宝要玩自己的玩具。她的面前有好多好多的东西。这是什么？（梳子）这是什么？（大人的书）这是什么？（玩具汽车）这是什么？（大皮球）这是什么？（布娃娃）这是什么？（玩具熊）孩子指一指，哪个是宝宝的玩具？"待孩子确认后，接着说"告诉宝宝，'这是宝宝的玩具'"。

2. 家长将准备好的物品（包括孩子的一到两样玩具和日常用品）摆在孩子面前，对他说"宝宝看，这里有好多好多东西，你找找看，哪一个是宝宝的玩具？"说完后，家长可先示范，拿起一样对孩子讲"我的梳子"，再示意让孩子找自己的玩具，用"我的××"进行表达。

注意事项：摆在孩子面前的物品，区分性要强。

教学反馈：○　　△　　□

强化活动指导：

活动领域	感知刺激	社会行为	认知发展	语言发展
活动编号				
效果反馈				

（请家长使用下列符号对孩子进行上述活动的结果反馈：○ = 不能完成　△ = 成人帮助下完成　□ = 能够独立完成）

周次：第 33 周　　活动名称：谁在咪咪笑？　　　　　　实施日期：

活动目的：1. 复习巩固词汇"咪咪笑"。2. 学习使用句型"××在咪咪笑"进行表述。

活动过程：1. 家长出示图片，对孩子提问"这是谁呀？（小狗）这是谁呀？（小白兔）这是谁呀？（小鸭）还有谁呀？（小猪）小猪怎么了？（哭了）"。

2. 家长让孩子注视自己的脸，做咪咪笑的样子。然后问孩子："妈妈在干什么？（妈妈在咪咪笑）宝宝咪咪笑一个（让孩子模仿家长的表情）宝宝也在咪咪笑。"

3. 再出示图片，"宝宝看图，谁在咪咪笑？指一指，告诉妈妈。"引导孩子使用"××在咪咪笑"句型表述。

注意事项：如果孩子不能用上述句型进行表述，只要能够指对了或说出"咪咪笑"也算达到教育目的。

教学反馈：○　　△　　□

强化活动指导：

活动领域	感知刺激	社会行为	认知发展	语言发展
活动编号				
效果反馈				

（请家长使用下列符号对孩子进行上述活动的结果反馈：○＝不能完成　△＝成人帮助下完成　□＝能够独立完成）

周次：第 34 周　活动名称：谁拿反了？　　　　　　实施日期：

活动目的：1. 理解"反了"的基本含义。2. 形成"反了"的正确判断。
活动过程：1. 家长出示图片，讲故事"小熊表演吹喇叭。小熊使劲吹呀吹，吹呀吹，怎么也吹不响。咦？这是怎么回事？原来喇叭拿反了。小熊知道了，赶紧正过来，轻轻一吹，喇叭就响了。好听极了！宝宝告诉妈妈，看看，哪个小熊的喇叭拿反了"。孩子正确回答或指认后，要及时鼓励。
　　　　　2. 家长拿出准备好的一些日常用品，故意拿反了，让孩子判断，是不是拿反了。
注意事项：选择合适的物品。
教学反馈：○　　△　　□
强化活动指导：

活动领域	感知刺激	社会行为	认知发展	语言发展
活动编号				
效果反馈				

（请家长使用下列符号对孩子进行上述活动的结果反馈：○ = 不能完成　△ = 成人帮助下完成　□ = 能够独立完成）

周次：第35周　　活动名称：给小动物点眼睛　　　　　　　实施日期：

活动目的：1. 复习巩固已习得的有关颜色的词汇。2. 培养初步的美术兴趣，学习涂点。

活动过程：1. 家长出示图片，问孩子"这是谁呀？（小鸡）它的眼睛怎么了？（没有了）眼睛没有了，小鸡就看不见了，怎么办呢？"。

2. 家长拿出准备好的彩笔盒："这是什么？（画笔）"。复习孩子已经熟悉的颜色，一一拿出彩色笔，问孩子"这是什么颜色的？（红色的）这是什么颜色的？（黄色的）这是什么颜色的？（可能孩子不能回答，让他看看眼珠是什么颜色的，帮助理解学习'黑色'）"我们用画笔给小动物画漂亮的眼睛。"说完后，家长拿起画笔示范给小鸡点眼睛。

3. 重复步骤1和步骤2，指导孩子帮助其余的小动物一一画上眼睛。

注意事项：眼睛的颜色随孩子选。不管孩子画得好不好，只要位置正确，都要鼓励。

教学反馈：○　　△　　□

强化活动指导：

活动领域	感知刺激	社会行为	认知发展	语言发展
活动编号				
效果反馈				

（请家长使用下列符号对孩子进行上述活动的结果反馈：○ = 不能完成　△ = 成人帮助下完成　□ = 能够独立完成）

周次：第 36 周　　活动名称：谁在织毛衣？　　　　　　实施日期：

活动目的：1. 复习巩固已习得的短语"妈妈织毛衣"。2. 练习使用句型"××干什么"表述。

活动过程：1. 家长出示图片，问孩子"这是谁呀？（爸爸）爸爸在干什么？（爸爸扫地）这是谁呀？（宝宝）宝宝在干什么？（宝宝搭积木）这是谁呀？（妈妈）妈妈在干什么？（妈妈织毛衣）"。

2. 反问孩子"谁在扫地？（爸爸扫地）谁在玩积木？（宝宝玩积木）谁在织毛衣？（妈妈织毛衣）

注意事项：如果孩子不能用完整句回答，说出主语也可以通过。

教学反馈：○　　△　　□

强化活动指导：

活动领域	感知刺激	社会行为	认知发展	语言发展
活动编号				
效果反馈				

（请家长使用下列符号对孩子进行上述活动的结果反馈：○ = 不能完成　△ = 成人帮助下完成　□ = 能够独立完成）

周次：第 37 周　活动名称：小动物在干什么？　　　　实施日期：

活动目的：复习巩固已习得句型"×××干什么"，练习表述。

活动过程：1. 出示图片，一一讲解："小鸡在捉虫子，小猴在爬树，小白兔在采蘑菇，小猫在玩皮球。"

　　　　　2. 提问："宝宝听，谁在采蘑菇呀？（小白兔采蘑菇）谁在捉虫子呀？（小鸡在捉虫子）谁在爬树呀？（小猴在爬树）谁在玩皮球？（小猫在玩皮球）"

注意事项：如果孩子可以顺利地通过上述内容，家长可增加一些图片，扩展谈话内容。

教学反馈：○　　△　　□

强化活动指导：

活动领域	感知刺激	社会行为	认知发展	语言发展
活动编号				
效果反馈				

　　（请家长使用下列符号对孩子进行上述活动的结果反馈：○ = 不能完成　△ = 成人帮助下完成　□ = 能够独立完成）

周次：第 38 周　活动名称：谁藏在那边？　　　　　　实施日期：

活动目的：复习巩固已习得的动物名称，能够根据名称判断是什么小动物。
活动过程：家长出示图片："这里有许多的小动物，它们都藏起来了。妈妈说小动物的名字，宝宝指一指，小动物藏在哪儿了。"
注意事项：一个循环之后，让孩子说动物的名字，家长指认。
教学反馈：○　　△　　□
强化活动指导：

活动领域	感知刺激	社会行为	认知发展	语言发展
活动编号				
效果反馈				

（请家长使用下列符号对孩子进行上述活动的结果反馈：○ = 不能完成　△ = 成人帮助下完成　□ = 能够独立完成）

周次：第39周　活动名称：猜猜我是谁？　　　　　　实施日期：

活动目的：复习巩固已习得的动物的名称和已经学过的动物拟叫声。

活动过程：1. 家长出示图片："这是妈妈，这是宝宝，他们在玩游戏。妈妈说'嘎嘎嘎'，猜猜我是谁？小宝宝想一想，是什么嘎嘎嘎地叫呀？是小鸭子，宝宝多聪明呀。"

2. 家长出示一些准备好的小动物玩具或图片，对孩子说："我们一起做游戏，宝宝猜猜是谁来了？"家长学不同动物的拟声，让孩子指认。

3. 轮换角色，让孩子模仿拟声，家长猜猜。有时，家长可以故意听不准，这样可以让孩子多练发音。

注意事项：选取的动物玩具一定是孩子学过的或熟悉的。

教学反馈：○　　△　　□

强化活动指导：

活动领域	感知刺激	社会行为	认知发展	语言发展
活动编号				
效果反馈				

（请家长使用下列符号对孩子进行上述活动的结果反馈：○ = 不能完成　△ = 成人帮助下完成　□ = 能够独立完成）

周次：第 40 周　活动名称：第一次见到他们说什么？　　　实施日期：

活动目的：1. 复习问好用语。2. 培养主动向人问好的习惯，会用短句"××好！"
活动过程：1. 家长出示图片："这是小姐姐，她要去幼儿园。小姐姐看见了老师，老师说'你好'，小姐姐说什么呀？（老师好）小姐姐看见了老爷爷，她会说什么呢？（爷爷好）小姐姐看见了老奶奶，她会说什么？（奶奶好）小姐姐看见了小弟弟，她会说什么？（弟弟好）"
2. 准开放性提问（结合画面）。宝宝去幼儿园，见到老师说什么？见到叔叔说什么？见到阿姨说什么？见到小朋友说什么？孩子在提示下回答后，夸孩子"宝宝真有礼貌。"
注意事项：家长平时带孩子去幼儿园时，提示孩子主动向别人问好。如果孩子不能主动表达。家长拉着孩子先示范，再让孩子模仿问好。
教学反馈：○　△　□
强化活动指导：

活动领域	感知刺激	社会行为	认知发展	语言发展
活动编号				
效果反馈				

（请家长使用下列符号对孩子进行上述活动的结果反馈：○ = 不能完成　△ = 成人帮助下完成　□ = 能够独立完成）

第三章　二级配合性家庭教育活动

- 适用年龄：2～3 岁
- 目标规划：1. 能听懂和学说更多的新词。
  2. 能用语言表达自己的要求。
  3. 能自己一页一页较认真地翻书、看书，知道爱护图书，会讲自己"编"的故事。
  4. 能提出和回答简单的问题。
  5. 能说短小的儿歌和讲述简单的故事。

周次：第1周　活动1名称：比比谁的大　　　　　实施日期：

活动目的：1. 巩固理解、区分不同物体的大小。2. 能按指令指出"大××"，"小××"。3. 学说"大××"，"小××"。

活动过程：1. 妈妈出示图片，并指着图片上的小动物说："宝宝看，池塘里有两只青蛙，两只小鱼，天上有两只小鸟。"并请孩子也说出小动物的名称。

2. 妈妈说："宝宝指一指哪个是大青蛙？哪个是小青蛙？"孩子说对了及时鼓励，并说："对，这是大青蛙，这是小青蛙，宝宝也说大青蛙、小青蛙。"（小鱼、小鸟也用此办法教）

注意事项：为了帮助孩子更好地区分物体的大小，可以用家里的用品，让孩子亲自摸一摸，比一比，如：大碗、小碗、大衣服、小衣服……。在操作的同时加上语言的学习。

教学反馈：○　　△　　□

强化活动指导：

活动领域	感知刺激	社会行为	认知发展	语言发展
活动编号				
效果反馈				

（请家长使用下列符号对孩子进行上述活动的结果反馈：○＝不能完成　△＝成人帮助下完成　□＝能够独立完成）

周次：第 1 周　活动 2 名称：听辨大小　　　　　　　　实施日期：

活动目的：1. 巩固对声音大小概念的掌握。2. 经过反复练习能分辨出周围环境声音的大小。3. 会用语言来表示声音的大小。

活动过程：1. 妈妈出示图片并指着图片说："宝宝看，阿姨在和姐姐拍手，小哥哥在敲鼓，小弟弟在敲门，老爷爷在敲钟，我们也来玩一玩好吗？"

2. 妈妈和宝宝拍手，边拍边让宝宝听，然后再和宝宝一起敲玩具鼓，边敲边听，并分辨哪个声音大，然后妈妈让宝宝背过身去听一听，并要求宝宝听到大声时说"大"听到小声时说"小"（敲钟、敲门的内容教法同上）。

注意事项：日常生活中还可以找许多发声物体来和宝宝玩分辨声音大小的游戏，如：妈妈剁菜的声音大，切菜的声音小；用力拍门的声音大，轻轻敲门的声音小等。

教学反馈：○　　△　　□

强化活动指导：

活动领域	感知刺激	社会行为	认知发展	语言发展
活动编号				
效果反馈				

（请家长使用下列符号对孩子进行上述活动的结果反馈：○ = 不能完成　△ = 成人帮助下完成　□ = 能够独立完成）

周次：第 2 周　活动 1 名称：小兔哪儿错了　　　　　　实施日期：

活动目的：1. 知道爱护自己的耳朵。2. 巩固、复习耳朵的用途及听辨声音的大小。
活动过程：1. 妈妈出示图片说："兔妈妈在做香香的饼，还在饼上放芝麻，小兔在干什么呢？"让孩子思考一会儿，然后启发孩子指出小兔正在往耳朵里倒东西（芝麻）。
2. 妈妈指着小兔问孩子："小兔往耳朵里放东西好不好？耳朵里面有东西会怎么样"引导孩子说："疼、生病"妈妈再重复一遍"在耳朵里面放东西会生病，耳朵就听不到声音了。"
3. 妈妈拿出事先准备好的两个易拉罐，一个放些豆子，一个放些小石子。妈妈说："宝宝来和妈妈玩，宝宝拿着小罐子摇一摇，听一听哪个声音大，哪个声音小。"（可变换不同的节奏摇罐子，游戏多重复几次。）
4. 妈妈从易拉罐里取出一个小豆子问："宝宝，豆子能不能放耳朵里面"引导宝宝说"不能"或摆手示意，家长要及时鼓励孩子。
注意事项：在生活中要随时注意培养孩子爱护耳朵、爱护助听器的好习惯。
教学反馈：○　　△　　□
强化活动指导：

活动领域	感知刺激	社会行为	认知发展	语言发展
活动编号				
效果反馈				

（请家长使用下列符号对孩子进行上述活动的结果反馈：○ = 不能完成　△ = 成人帮助下完成　□ = 能够独立完成）

周次：第 2 周　活动 2 名称：那样做会怎样？　　　　　　　实施日期：

活动目标：1. 复习巩固对眼睛的认识。2. 学会爱护自己的眼睛。3. 继续学说"我用眼睛看××"。
活动过程：1. 妈妈出示图片，指着第一幅图问宝宝"哥哥在用脏手揉眼睛，眼睛会怎么样？"
让宝宝想一会儿，妈妈启发宝宝说"眼睛会生病，疼"妈妈再指第二幅图问宝宝"哥哥躺在床上看书，眼睛会怎么样？"让宝宝想一会儿，妈妈启发宝宝说"躺在床上看书，眼睛会坏，要戴眼镜"（后两幅图也用同样的方法教）
2. 妈妈和宝宝一同演示正确的行为。妈妈给宝宝一本书问："宝宝怎样看书"妈妈带着宝宝一边做标准的看书姿势一边说"坐好看书"并问："宝宝用什么看书？"妈妈引道孩子说"我用眼睛看书。"（看电视、写字、也用同样的方法教）

注意事项：在日常生活中要随时提醒孩子用眼习惯。
教学反馈：○　　△　　□
强化活动指导：

活动领域	感知刺激	社会行为	认知发展	语言发展
活动编号				
效果反馈				

（请家长使用下列符号对孩子进行上述活动的结果反馈：○＝不能完成　△＝成人帮助下完成　□＝能够独立完成）

周次：第3周　活动名称：听音辨车　　　　　　实施日期：

活动目的：1. 练习听辨不同车子发出的声音。2. 学说：汽车—笛笛笛、火车—呜呜呜、自行车—叮呤呤、摩托车—突突突。

活动过程：1. 妈妈出示图片，先教孩子指认图上的车，妈妈问："宝宝，这是什么车？"让宝宝回答，然后妈妈再重复一遍"对，这是大火车，大火车是什么声音，让我们来听一听"。这时妈妈打开事先准备好的录音带，让宝宝听火车鸣笛的声音。听完后，妈妈再和宝宝一起学一学火车的声音"呜——呜——呜"（小汽车、自行车、摩托车的教法相同）。

2. 妈妈放火车（小汽车、自行车、摩托车）的录音，让宝宝听，然后从图中指认出来，宝宝指对了妈妈就亲亲他并请孩子一起说"大火车——呜——呜——呜"（其他的车同此方法）。

注意事项：1. 平时在街上或出行的时候多留意让孩子听辨交通工具的声音。

2. 也可玩一些模仿开车的游戏，一边玩一边模仿车的声音。

3. 妈妈发出不同车的声音让孩子分辨。

教学反馈：○　　△　　□

强化活动指导：

活动领域	感知刺激	社会行为	认知发展	语言发展
活动编号				
效果反馈				

（请家长使用下列符号对孩子进行上述活动的结果反馈：○ = 不能完成　△ = 成人帮助下完成　□ = 能够独立完成）

周次：第4周　活动1，名称：请回答　　　　　　　　　实施日期：

活动目的：继续学说否定句"不是……是"。
活动过程：1. 妈妈分别指着图上的4幅图片问宝宝："小姐姐（小弟弟）在干什么？"然后引导孩子说
　　　　　　　出："姐姐种树（娃娃刷牙、弟弟吹泡泡、哥哥吃饭）。"
　　　　　2. 妈妈分别指着每一幅图，问相反的内容，让孩子回答。妈妈问："小姐姐在吃饭吗？"要
　　　　　　　求宝宝回答："不是"。妈妈再问："小姐姐不是吃饭，小姐姐在干什么？"
　　　　　　　妈妈引导宝宝说"小姐姐在种树"（其他图片同此教法）。
注意事项：除了练习图上的内容，妈妈也可和宝宝玩一些其他的游戏，如：妈妈端来一盆水洗脸，但对
　　　　　宝宝说"妈妈在洗脚"，然后引导孩子说"不对，妈妈在洗脸。"
教学反馈：○　　△　　□
强化活动指导：

活动领域	感知刺激	社会行为	认知发展	语言发展
活动编号				
效果反馈				

　　（请家长使用下列符号对孩子进行上述活动的结果反馈：○＝不能完成　△＝成人帮助下完成
□＝能够独立完成）

周次：第 4 周　活动 2，名称：宝宝请客　　　　　　　实施日期：

活动目的：1. 知道小猫吃鱼、小狗吃骨头、小鸡吃虫子、小羊吃草、小兔吃萝卜、小姐姐吃蛋糕。
　　　　　2. 继续学习"××请吃××"的句式。
活动过程：1. 妈妈出示图片，给宝宝讲图片的内容："小姐姐请小猫、小兔、小狗、小鸡、小羊吃东西，桌上放着许多好吃的东西，有鱼、小虫子、骨头、萝卜、青草还有蛋糕，宝宝知道它们都爱吃什么吗？"
　　　　　2. 妈妈分别告诉宝宝"小兔吃萝卜、小鸡吃虫子、小狗吃骨头、小羊吃草、小猫吃鱼"，然后请宝宝一边说"小兔吃萝卜"一边用铅笔画线把小兔和萝卜连起来（其他小动物的教法相同）。
　　　　　3. 妈妈、爸爸、宝宝一起玩小姐姐请客的游戏，宝宝当姐姐，爸爸、妈妈轮流当小动物，宝宝拿着妈妈事先画好的图片（鱼、小虫子、骨头、萝卜、青草）请小动物们吃，并说："小兔请吃萝卜"。妈妈当小兔，接过萝卜说："小兔爱吃萝卜，谢谢姐姐"。（其他内容方法相同）
注意事项：做游戏时妈妈可以和宝宝的角色互换。
教学反馈：○　　△　　□
强化活动指导：

活动领域	感知刺激	社会行为	认知发展	语言发展
活动编号				
效果反馈				

（请家长使用下列符号对孩子进行上述活动的结果反馈：○ ＝不能完成　△ ＝成人帮助下完成　□ ＝能够独立完成）

周次：第4周　活动3，名称：学说"真难受"　　　　　实施日期：

活动目的：继续学说句式："×××，真难受。"

活动过程：1. 妈妈出示图片，指着第1幅图片问宝宝："小哥哥怎么了？"宝宝可能回答不上来，也许用手势告诉妈妈，小哥哥吃多了，肚子大大的真难受。这时妈妈教宝宝说："吃多了，真难受。"

2. 妈妈指着第2幅图片问宝宝："小哥哥怎么了？"然后给宝宝讲"小哥哥不吃青菜，拉不出大便，肚子疼，真难受。"并让宝宝学说："肚子疼，真难受。"

3. 第3、4幅图用同样的方法教。

注意事项：在生活中当遇到类似的感觉时，家长要及时告诉宝宝这是什么感觉，并用语言表达出来。

教学反馈：○　　△　　□

强化活动指导：

活动领域	感知刺激	社会行为	认知发展	语言发展
活动编号				
效果反馈				

（请家长使用下列符号对孩子进行上述活动的结果反馈：○＝不能完成　△＝成人帮助下完成　□＝能够独立完成）

周次：第 5 周　活动名称：会说"谢谢"的宝宝　　　实施日期：

活动目的：1. 继续学说话：我要喝水、妈妈倒水、谢谢妈妈。2. 知道别人为自己做了事要说谢谢。

活动过程：1. 妈妈出示图片，问宝宝："宝宝看，阿姨在干什么？"引导宝宝说"阿姨倒水"，妈妈再指着小哥哥问："小哥哥在干什么？"继续引导宝宝说"小哥哥在谢谢妈妈。"

2. 妈妈完整地把图片讲一遍，"小哥哥渴了，要喝水，阿姨给小哥哥倒水，小哥哥说'谢谢妈妈'"。

3. 妈妈准备些好喝的果汁，和宝宝一起表演图片的内容，让宝宝一边表演一边学说话"我渴了，我要喝水，妈妈倒水。"当妈妈把水递给宝宝的时候，宝宝说"谢谢妈妈"，妈妈说："不用谢"。

注意事项：在生活中坚持让宝宝使用礼貌用语，家长要以身作则。

教学反馈：○　　△　　□

强化活动指导：

活动领域	感知刺激	社会行为	认知发展	语言发展
活动编号				
效果反馈				

、（请家长使用下列符号对孩子进行上述活动的结果反馈：○ = 不能完成　△ = 成人帮助下完成　□ = 能够独立完成）

周次：第 6 周　　活动名称：美丽的花园：涂色说儿歌　　　　实施日期：

活动目的：1. 复习巩固所学儿歌：花儿好看我不摘。2. 复习认识颜色：红的、黄的、白的、绿的。3. 练习涂色。

活动过程：1. 妈妈出示图片问宝宝："图上画着什么？"（哥哥、姐姐、花）哥哥在干什么？姐姐在干什么？"（哥哥想摘花，姐姐说"不能摘"。）

2. 妈妈说："我们给花涂上颜色吧！"妈妈先做涂色的示范，彩色笔顺着一个方向，从上往下涂。

3. 妈妈和宝宝一起涂色，先选好颜色，选颜色的时候学习认识颜色，"这是黄色（红色、绿色、白色）"然后一边涂色一边说儿歌：花儿好看我不摘。

注意事项：在涂色的时候要注意方法，大的花宝宝涂，小的花妈妈涂，而且笔不能太粗，此图的花较小，粗笔不易涂好。

教学反馈：○　　△　　□

强化活动指导：

活动领域	感知刺激	社会行为	认知发展	语言发展
活动编号				
效果反馈				

（请家长使用下列符号对孩子进行上述活动的结果反馈：○ = 不能完成　△ = 成人帮助下完成　□ = 能够独立完成）

周次：第 7 周　　活动名称：（看图说话）小狗逛商店　　　实施日期：

活动目的：1. 巩固、复习所学名词：娃娃、乒乓球、汽车、图书、皮球。
　　　　　2. 听辨这些词汇。
活动过程：1. 妈妈出示图片，说："宝宝看，小狗到商店买玩具，宝宝认识商店里的玩具吗？"然后妈妈指着玩具问宝宝："这是什么？"启发宝宝说出玩具的名称。
　　　　　2. 妈妈在宝宝身后说出玩具的名称，让宝宝指出这些玩具。
注意事项：1. 当宝宝听辨不出玩具的名称时，妈妈可多重复几遍。
　　　　　2. 可以用拟声词提示宝宝，如"汽车"听辨不出时，可用"笛笛"代替。
　　　　　3. 也可告诉宝宝妈妈说的内容，然后再听。
教学反馈：○　　△　　□
强化活动指导：

活动领域	感知刺激	社会行为	认知发展	语言发展
活动编号				
效果反馈				

（请家长使用下列符号对孩子进行上述活动的结果反馈：○ = 不能完成　△ = 成人帮助下完成　□ = 能够独立完成）

周次：第 8 周　活动 1，名称：（看图说话）曲项向天歌　　实施日期：

活动目标：1. 初步感知诗歌的韵律。2. 认识鹅的外形。

活动过程：1. 妈妈出示图片说："图片上有什么？（两只鹅）鹅在干什么？（游泳）鹅怎么叫？（鹅鹅鹅）"妈妈和宝宝一起给图片涂上颜色，一边涂一边教宝宝说"鹅的毛是白色的，嘴和脚是红色的，池塘里的水是绿色的，荷花是红色的。"涂完色后，妈妈和宝宝一同欣赏图画"啊！真漂亮。"

2. 妈妈对宝宝说："妈妈给宝宝念一首诗——鹅鹅鹅，曲项向天歌，白毛浮绿水，红掌拨清波。"然后妈妈和宝宝一起说。

注意事项：开始宝宝说不完整没关系，主要是让宝宝感知诗歌的韵律，等宝宝学会了再让他给大家表演，增强宝宝的自信心。

教学反馈：○　　△　　□

强化活动指导：

活动领域	感知刺激	社会行为	认知发展	语言发展
活动编号				
效果反馈				

（请家长使用下列符号对孩子进行上述活动的结果反馈：○ = 不能完成　△ = 成人帮助下完成　□ = 能够独立完成）

周次：第 8 周　活动 2，名称：（涂色）绿色的稻田　　　　实施日期：

活动目的：1. 复习、巩固认识绿色。
　　　　　2. 练习用正确的方法涂色。
活动过程：1. 妈妈出示图片说："我们来给图片涂颜色，稻田、大山是绿色的。"妈妈拿出几种颜色的笔让宝宝从中选出绿色。
　　　　　2. 妈妈和宝宝一起涂色，一边涂一边说："绿色的稻田，绿色的山。"
注意事项：1. 注意颜色要按一定的顺序涂，涂的不均匀没关系。
　　　　　2. 让宝宝找一找家里绿色的物品。
教学反馈：○　　△　　□
强化活动指导：

活动领域	感知刺激	社会行为	认知发展	语言发展
活动编号				
效果反馈				

（请家长使用下列符号对孩子进行上述活动的结果反馈：○＝不能完成　△＝成人帮助下完成　□＝能够独立完成）

周次：第 9 周　活动 1，名称：（涂色）把它们找出来　　　实施日期：

活动目的：1. 继续巩固练习辨认圆形、方形、三角形。2. 继续练习听口令找图形。3. 巩固认识颜色。

活动过程：1. 妈妈出示图片说："宝宝看，这是小猪的家，真好看，小猪家有漂亮的房子和苹果树，宝宝找一找，小猪家有哪些东西是圆形的？哪些东西是方形的？哪些东西是三角形的？"然后妈妈引导宝宝找出这些图形，并让宝宝跟妈妈学说"圆形、方形、三角形"。

2\. 妈妈和宝宝一起玩涂颜色的游戏，妈妈说："宝宝把圆形的东西涂上红色，把方形的东西涂上绿色，把三角形的东西涂上黄色。"然后妈妈和宝宝一起涂色。

注意事项：可以带宝宝找一找周围环境中的圆形、方形、三角形的物体，并让宝宝摸一摸它们的轮廓，摸后要洗手。

教学反馈：○　△　□

强化活动指导：

活动领域	感知刺激	社会行为	认知发展	语言发展
活动编号				
效果反馈				

（请家长使用下列符号对孩子进行上述活动的结果反馈：○ = 不能完成　△ = 成人帮助下完成　□ = 能够独立完成）

周次:第9周 活动2,名称:哪些东西能滚动?   实施日期:

活动目的:1. 继续巩固、练习、比较圆形和方形的不同,知道圆的东西能滚动。
　　　　2. 能在许多物品中找出圆形。
活动过程:1. 妈妈先准备一些圆形和方形的东西,如:积木、皮球、糖豆、苹果、小木板、各种小盒子,然后和宝宝玩滚球的游戏(把准备的所有物品都玩一遍),并找出能滚动的物品。妈妈告诉宝宝这些都是圆形。
　　　　2. 妈妈出示图片说:"宝宝找一找图上哪些东西能滚动"。宝宝找对了,妈妈及时鼓励他。
注意事项:在日常生活中要注意丰富宝宝的经验和注意观察周围的事物,如:街上跑的汽车,轮子是转动的,妈妈用来包饺子的擀面杖也能滚动等。
教学反馈:○　　△　　□

活动领域	感知刺激	社会行为	认知发展	语言发展
活动编号				
效果反馈				

(请家长使用下列符号对孩子进行上述活动的结果反馈:○ = 不能完成 △ = 成人帮助下完成 □ = 能够独立完成)

周次：第 10 周　　活动 1，名称：小熊想玩什么？　　　　　实施日期：

活动目的：继续巩固练习句子"××想玩××"。

活动过程：1. 妈妈出示图片说："宝宝看，这是哪儿？（公园）谁在公园里？（小熊）公园里有什么？"妈妈引导孩子说出"秋千、滑梯、跷跷板"。

2. 妈妈问宝宝："小熊想玩什么？"让宝宝回答"小熊想玩××。"

注意事项：在生活中要让宝宝用语言来表达自己的愿望，多练习"我想干××"的句子。

教学反馈：○　　△　　□

强化活动指导：

活动领域	感知刺激	社会行为	认知发展	语言发展
活动编号				
效果反馈				

（请家长使用下列符号对孩子进行上述活动的结果反馈：○＝不能完成　△＝成人帮助下完成　□＝能够独立完成）

周次：第10周　活动2，名称：小动物们在干什么？　　　　　实施日期：

活动目的：继续学说"××在干××"的句子。

活动过程：1. 妈妈出示图片问："宝宝看，图上都有谁呀？"引导孩子说："有小猫、小熊、小猴、小乌龟、小鸟、小蜗牛"。

妈妈再问：谁在挑水？谁在敲门？谁在飞？谁在爬？谁在锯木头？然后引导孩子回答："小猫在挑水、小熊在敲门、小鸟在飞、蜗牛在爬、小猴和小乌龟在锯木头"。

2. 妈妈再换一种方式问宝宝"小猫在干什么？（小鸟、小蜗牛、小熊、小猴、小乌龟在干什么？）"让宝宝试着用完整话回答：小猫在挑水、小熊在敲门、小鸟在飞、蜗牛在爬、小猴和小乌龟在锯木头。

注意事项：1. 如果宝宝不会动词"挑、锯"没关系，在宝宝回答问题前先让宝宝理解动词即可。

2. 动词要在活动中学。

教学反馈：○　　△　　□

强化活动指导：

活动领域	感知刺激	社会行为	认知发展	语言发展
活动编号				
效果反馈				

（请家长使用下列符号对孩子进行上述活动的结果反馈：○ = 不能完成　△ = 成人帮助下完成　□ = 能够独立完成）

周次：第11周　活动1，名称：爸爸去了哪里？　　　　　　实施日期：

活动目的：练习使用句子"爸爸到××去干××"
活动过程：1. 妈妈出示图片问宝宝："这是什么地方？"引导宝宝说出"银行、理发店、书店、报亭。"
　　　　　2. 请宝宝观察图片，妈妈问："宝宝知道爸爸去哪里了吗？"启发孩子通过观察脚印来判断爸爸去了哪里，妈妈引导宝宝说句子"爸爸去银行（去理发店、去书店、去报亭）"。
　　　　　3. 妈妈再启发孩子想一想，"爸爸到书店干什么？"引导孩子说出"爸爸到书店买书。"（其他内容同此方法）
注意事项：孩子在回答问题时不会说完整句子没关系，家长要引导孩子说。
教学反馈：○　　△　　□
强化活动指导：

活动领域	感知刺激	社会行为	认知发展	语言发展
活动编号				
效果反馈				

（请家长使用下列符号对孩子进行上述活动的结果反馈：○＝不能完成　△＝成人帮助下完成　□＝能够独立完成）

周次：第 11 周　活动 2，名称：小宝宝干什么？　　　　　实施日期：

活动目的：继续学说："有的小宝宝在……有的小宝宝在……"
活动过程：妈妈出示图片说："宝宝看，图上有许多小宝宝在劳动，有的小宝宝在干什么？"引导孩子跟妈妈一起说"有的小宝宝在洗手绢，有的小宝宝在扫地，有的小宝宝在倒垃圾，有的小宝宝在擦桌子，有的小宝宝在提水。"
注意事项：动词要在活动中学。
教学反馈：○　　△　　□
强化活动指导：

活动领域	感知刺激	社会行为	认知发展	语言发展
活动编号				
效果反馈				

（请家长使用下列符号对孩子进行上述活动的结果反馈：○ = 不能完成　△ = 成人帮助下完成　□ = 能够独立完成）

周次：第 12 周　活动 1，名称：这是谁的影子？　　　　　实施日期：

活动目的：1. 巩固复习词汇：老虎、小猫、小熊、小狗、鸽子、蝴蝶、大象、小兔。
　　　　　2. 培养孩子的观察能力。
活动过程：1. 妈妈出示图片说："宝宝看，图上有许多小动物，我们认一认都是什么动物？"妈妈指着图上的小动物让宝宝说出名称。
　　　　　2. 妈妈指着图上动物的影子对宝宝说："宝宝认一认，这是谁的影子？"妈妈让宝宝指着动物的影子说出动物的名称，并和宝宝一起用线把动物和影子连起来。
　　　　　3. 妈妈只让宝宝看影子，然后说出动物的名称。
注意事项：平时让宝宝多区分相近的物体。
教学反馈：○　　　△　　　□
强化活动指导：

活动领域	感知刺激	社会行为	认知发展	语言发展
活动编号				
效果反馈				

（请家长使用下列符号对孩子进行上述活动的结果反馈：○ = 不能完成　△ = 成人帮助下完成　□ = 能够独立完成）

周次：第 12 周　活动 2，名称：辛苦的妈妈　　　　　实施日期：

活动目的：1. 练习看图说话的能力。2. 复习短句：妈妈辛苦了。3. 知道体会妈妈的辛苦。

活动过程：1. 妈妈出示图片问宝宝："图上有谁呀？他们在干什么？"妈妈引导孩子一起讲述图上的内容"妈妈买菜，洗衣服累了，小弟弟看见妈妈累了说'妈妈辛苦了，我给您捶捶背'，妈妈说'你真是好孩子'"。

2. 妈妈再问宝宝"妈妈给宝宝做饭，宝宝说什么？"启发孩子说出"谢谢妈妈，妈妈辛苦了。"

注意事项：生活中爸爸、妈妈要让孩子从小学会感激。

教学反馈：○　　△　　□

强化活动指导：

活动领域	感知刺激	社会行为	认知发展	语言发展
活动编号				
效果反馈				

（请家长使用下列符号对孩子进行上述活动的结果反馈：○＝不能完成　△＝成人帮助下完成　□＝能够独立完成）

周次：第 13 周　　活动名称：（涂色）小柳树钓鱼　　　　　　实施日期：

活动目的：1. 复习儿歌《小柳树钓鱼》。2. 巩固词汇："逗"、"弯弯腰"、"哈哈笑"。
活动过程：1. 家长事先准备一些彩色画笔，引导孩子把画面涂上适合的颜色。
　　　　　2. 家长讲述图的内容给孩子听"这是一个美丽的小水塘，小柳树弯着腰，放下自己的枝条，想钓鱼。钓呀，钓呀，一条小鱼也没钓着，逗得太阳哈哈大笑。"
　　　　　3. 请孩子和家长一起复习儿歌"小柳树，弯弯腰，放下绿线把鱼钓，钓呀钓，钓呀钓，一条鱼也没钓着，逗得太阳哈哈笑。"
注意事项：在涂色时，家长应先示范用正确的颜色，把画面涂上一部分，然后引导孩子用正确的方法涂色。即使孩子涂不好，也不要埋怨他，要鼓励。
教学反馈：○　　△　　□
强化活动指导：

活动领域	感知刺激	社会行为	认知发展	语言发展
活动编号				
效果反馈				

（请家长使用下列符号对孩子进行上述活动的结果反馈：○ = 不能完成　△ = 成人帮助下完成　□ = 能够独立完成）

周次：第14周　活动1名称：（判断）是早上还是晚上？　　实施日期：

活动目的：1. 巩固学过的概念"早上"、"晚上"。2. 运用概念进行"早上"、"晚上"的判断。
活动过程：家长出示本页图片，先讲一讲"天上有许多小星星，还有月亮，这是晚上。太阳公公出来了，天亮了，是早上。宝宝仔细看，想一想，哪一个是'早上'，哪一个是'晚上'，告诉妈妈。"
注意事项：当孩子对图片不能正确判断时，可以用解释图片内容细节的方法，给孩子提供判断的线索。如果孩子能够进行正确指认，家长可以带领孩子进行如下的练习：让孩子仔细听，你讲述一些在早上或在晚上进行的日常活动，然后让孩子判断是在"晚上"，还是在"早上"。
教学反馈：〇　　△　　□
强化活动指导：

活动领域	感知刺激	社会行为	认知发展	语言发展
活动编号				
效果反馈				

　　（请家长使用下列符号对孩子进行上述活动的结果反馈：〇 = 不能完成　△ = 成人帮助下完成　□ = 能够独立完成）

周次：第 14 周　活动 2 名称：（涂色）数星星　　　　　　实施日期：

活动目的：1. 复习儿歌《数星星》。2. 培养孩子涂色的兴趣。

活动过程：1. 家长事先准备一些画笔，指导孩子将画面上的草地、树木、山等涂上绿色，天空涂上深蓝色。

　　　　　2. 涂好后，给孩子讲解画面内容，并提问："小妹妹在干什么呀？（数星星）小妹妹怎么数呀？想一想。"家长一句一句地提示儿歌内容"天上星，亮晶晶，抬起头，数星星，数呀数，数不清。"然后示意孩子一句一句地模仿。

注意事项：孩子可能不会一下就能复述全部的内容，家长不要急于求成。由示范跟读开始，慢慢地过渡到妈妈说一句，孩子接一句；或者让孩子说一句，妈妈接一句，逐步达到让孩子独立讲述的目的。另外，可利用晚上带孩子出去散步的机会，看着天上的星星，让孩子复习儿歌。

教学反馈：○　　△　　□

强化活动指导：

活动领域	感知刺激	社会行为	认知发展	语言发展
活动编号				
效果反馈				

（请家长使用下列符号对孩子进行上述活动的结果反馈：○＝不能完成　△＝成人帮助下完成　□＝能够独立完成）

周次：第 15 周　活动名称：谁能长胖？　　　　　　　　实施日期：

活动目的：1. 初步建立不挑食的意识。2. 理解"胖"与"瘦"的概念和浅显的因果关系。3. 巩固学说"大口大口地吃"。

活动过程：1. 家长出示本页画面，讲给孩子听：小姐姐，真听话，吃饭时，不挑食，爱吃菜，爱吃饭，身体长得胖又壮。小弟弟，不乖乖，吃饭时，总挑食，不吃菜，不吃饭，身体长得瘦又弱。

2. 提问孩子："谁乖呀？"（小姐姐）"小姐姐不挑食，身体长得怎样呀？"（胖又壮）"小弟弟乖吗？"（不乖）"小弟弟吃饭挑食好吗？"（不好）"小弟弟身体长得怎样？"（瘦又弱）"宝宝要长胖，吃饭怎样吃？"（大口大口地吃）

3. 引导孩子学讲述图片。

注意事项：平时吃饭时，可提醒孩子要"大口大口地吃饭。"

教学反馈：○　　△　　□

强化活动指导：

活动领域	感知刺激	社会行为	认知发展	语言发展
活动编号				
效果反馈				

（请家长使用下列符号对孩子进行上述活动的结果反馈：○ = 不能完成　△ = 成人帮助下完成　□ = 能够独立完成）

周次：第 16 周　　活动名称：方位判断：它们在哪儿？　　　实施日期：

活动目的：1. 巩固理解"上"和"下"。2. 学会使用"××在××上，××在××下"的句型进行判断。

活动过程：1. 家长利用孩子的小桌子或小椅子，在其上或其下摆放一些不同的物品，帮助孩子建立"××在××上，××在××下"的概念。

2. 将本页图画上的小猫涂上不同的颜色，然后提问，让孩子判断"××颜色的小猫在什么上面""××颜色的小猫在什么下面"。

注意事项：此项练习结束后，家长可结合家中常见物品的摆放位置，进行提问，如"桌子上有什么？""茶几下有什么？"反复强化孩子有关上下的方位概念。

教学反馈：○　　△　　□

强化活动指导：

活动领域	感知刺激	社会行为	认知发展	语言发展
活动编号				
效果反馈				

（请家长使用下列符号对孩子进行上述活动的结果反馈：○ = 不能完成　△ = 成人帮助下完成　□ = 能够独立完成）

周次：第17周　活动名称：比比长短　　　　　　　实施日期：

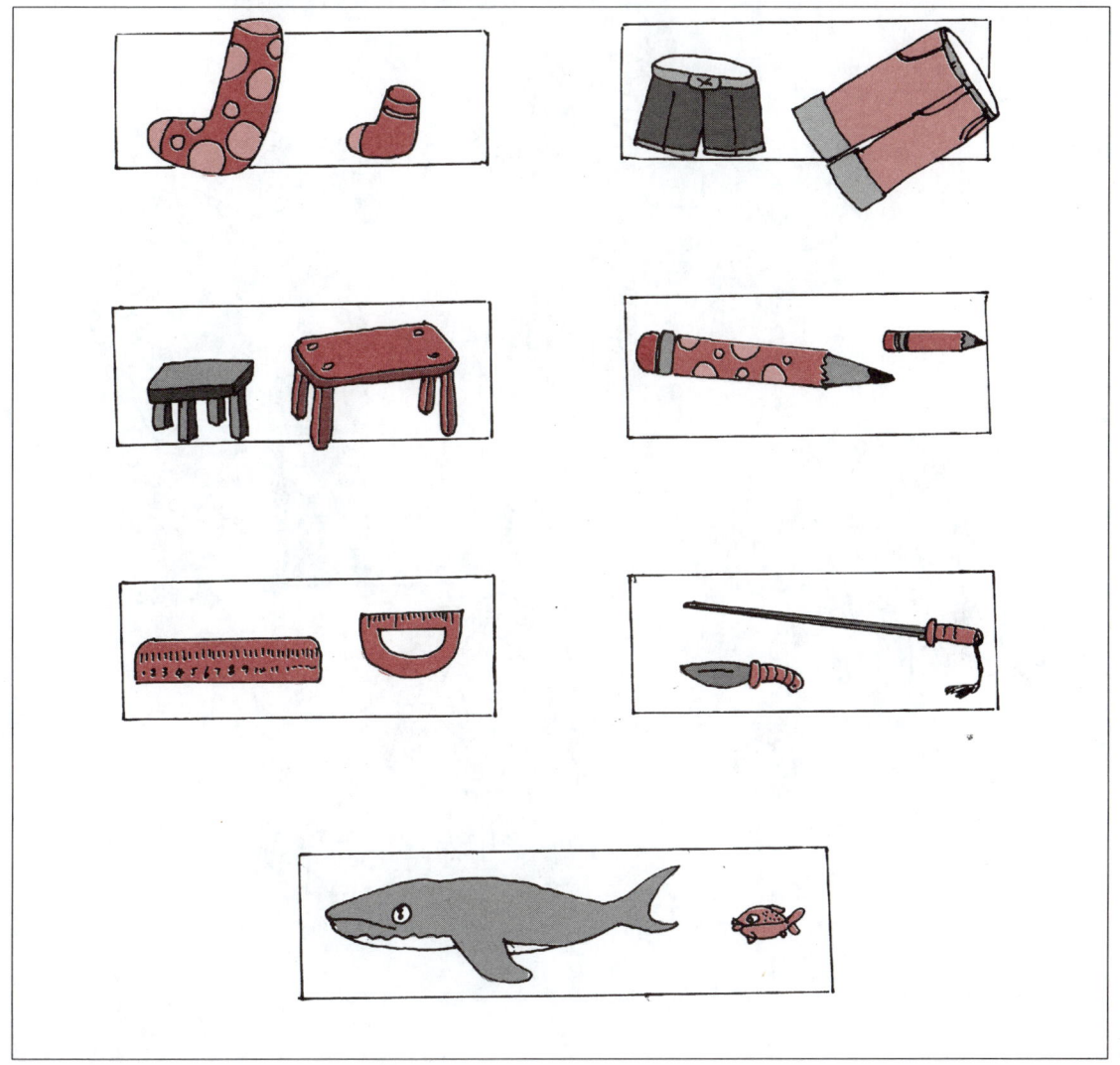

活动目的：1. 巩固理解"长""短"的概念。2. 练习判断"长"与"短"。
活动过程：1. 家长事先配对准备一些长短不一的物品，逐一摆在孩子的面前，让他比一比哪个长，哪个短。
　　　　　2. 出示本页图片，逐一指导他仔细观察，想一想，并进行有关"长"与"短"的判断。
注意事项：利用生活中常见的物品，有意地巩固孩子"长""短"的概念，并积极引导他进行判断。
教学反馈：○　　△　　□
强化活动指导：

活动领域	感知刺激	社会行为	认知发展	语言发展
活动编号				
效果反馈				

（请家长使用下列符号对孩子进行上述活动的结果反馈：○＝不能完成　△＝成人帮助下完成　□＝能够独立完成）

周次：第18周　活动名称：比比高矮　　　　　　　　实施日期：

活动目的：1. 巩固理解"高""矮"的概念。2. 练习判断"高"与"矮"。
活动过程：1. 家长带孩子来到穿衣镜前，和孩子比一比"高""矮"，让孩子明白"高"与"矮"的含义。
　　　　　2. 家长出示本页图画，逐一提问"这是什么？这是谁？"然后让他判断谁"高"谁"矮"。
　　　　　3. 结合家中物品，继续强化"高""矮"的判断练习。
注意事项：外出时，家长充分利用看到的东西，强化孩子"高""矮"的概念。
教学反馈：○　　△　　□
强化活动指导：

活动领域	感知刺激	社会行为	认知发展	语言发展
活动编号				
效果反馈				

（请家长使用下列符号对孩子进行上述活动的结果反馈：○＝不能完成　△＝成人帮助下完成　□＝能够独立完成）

周次：第 19 周　活动名称：比比一样不一样　　　　　　实施日期：

活动目的：1. 复习儿歌《动物的嘴巴》。2. 巩固词汇：尖尖的、弯弯的、扁扁的、三瓣的。
活动过程：1. 结合画面，复习儿歌"公鸡有个尖尖嘴，鸭子有个扁扁嘴，鸟儿有个弯弯嘴，兔子有个三瓣嘴。"
2. 提问：公鸡和小鸟的嘴巴一样吗？（不一样）公鸡的嘴是什么样的？（尖尖的）小鸟的嘴是什么样的？（弯弯的）示意孩子仔细观察，想一想，然后回答。依此法，分别对比其余的动物，引导孩子说出"扁扁的、三瓣的"。
3. 判断练习。家长问：谁的嘴巴是扁扁的？让孩子想一想并回答。
注意事项：在上述练习的基础上，家长可准备一些常见的物品，再让孩子按照"尖尖的"、"弯弯的"、"扁扁的"、"三瓣的"找出相应的物品，进行分类练习。
教学反馈：　○　　△　　□
强化活动指导：

活动领域	感知刺激	社会行为	认知发展	语言发展
活动编号				
效果反馈				

（请家长使用下列符号对孩子进行上述活动的结果反馈：○ = 不能完成　△ = 成人帮助下完成　□ = 能够独立完成）

周次：第 20 周 活动名称：谁丢了什么？ 实施日期：

活动目的：1. 练习孩子的观察力。2. 巩固使用句型"谁丢了××"表述的能力。
活动过程：家长出示本页图片，讲给孩子听：小花猫和小花狗在草地上玩，小花猫跳呀跳，小花狗跑呀跑，真高兴！这时，小熊走过来，问"是谁丢了帽子呀？是谁丢了鞋子呀？"宝宝仔细看，想一想，告诉小熊，谁丢了帽子，谁丢了鞋子。（引导孩子使用"谁丢了××"句型）
注意事项：当孩子能正确回答之后，还可以指导他看图讲述这个故事，或者延伸话题：小熊好不好？小花猫应该对小熊说些什么？等等，引发孩子的思考。
教学反馈：○　△　□
强化活动指导：

活动领域	感知刺激	社会行为	认知发展	语言发展
活动编号				
效果反馈				

（请家长使用下列符号对孩子进行上述活动的结果反馈：○＝不能完成　△＝成人帮助下完成　□＝能够独立完成）

周次：第 21 周　活动名称：有什么不一样？　　　　实施日期：

活动目的：1. 巩固孩子从两个方面区别物体的能力。
　　　　　2. 强化练习使用"××颜色的××大，××颜色的××小"句型。
活动过程：家长事先使用孩子已认识的颜色，将本页图上的同类的两个事物涂上不同的颜色，然后讲给孩子听：小兔有两个皮球，两把雨伞，还种了两朵花。仔细看一看，小兔的两个皮球一样吗？（停顿片刻）不一样，××颜色的皮球大，××颜色的皮球小。小兔的两把雨伞一样吗？（引导回答不一样），什么地方不一样？（引导孩子用上述句型进行表述）。
注意事项：可准备更多的配对的卡片或物品，让孩子反复练习。
教学反馈：○　　△　　□
强化活动指导：

活动领域	感知刺激	社会行为	认知发展	语言发展
活动编号				
效果反馈				

（请家长使用下列符号对孩子进行上述活动的结果反馈：○ = 不能完成　△ = 成人帮助下完成　□ = 能够独立完成）

周次：第 22 周　　活动名称：你知道它的前后都是谁吗？　　实施日期：

活动目的：1. 巩固"前、后"的概念。2. 强化"××在××前面""××在××后面"的句型。
活动过程：1. 家长出示本页图画，讲给孩子听：小动物练习排队了。小松鼠打着旗子排在前面，小老虎排在小松鼠的后面，小猴子排在小老虎的后面，小兔排在小猴子的后面。队伍排好了，它们要出发了。
2. 家长拿出小动物的单张卡片，让孩子依照本页图画给小动物排队。
3. 提问。家长收回卡片，任意选一张放在桌面上，其余的卡片给孩子，然后示意孩子仔细听：谁在小老虎的前面？（小松鼠在小老虎的前面）让孩子摆放卡片并回答。依此法继续进行，练习"××在××前面""××在××后面"的句型。
注意事项：能力较强的孩子，家长可采用如下的方法：让孩子仔细听，根据理解找出相应的小动物。如"排在小老虎后面，在小兔前面的小动物是谁？"（小猴子）。以增加训练难度，拓展训练内容。
教学反馈：○　　△　　□
强化活动指导：

活动领域	感知刺激	社会行为	认知发展	语言发展
活动编号				
效果反馈				

（请家长使用下列符号对孩子进行上述活动的结果反馈：○ = 不能完成　△ = 成人帮助下完成　□ = 能够独立完成）

周次：第 23 周　　活动名称：请放回原处　　　　　实施日期：

活动目的：1. 巩固初步的分类能力。2. 强化"上层、中层、下层放××"的感性经验。
活动过程：家长出示本页画面，告诉孩子"这是小羊的玩具架，上层放积木类的玩具，中层放小熊类的玩具，下层放汽车类的玩具。布娃娃、玩具飞机、魔方应该放在哪一层呀？小羊不知道，请宝宝帮帮它吧。"接着，家长出示自制的画有布娃娃、玩具飞机、魔方的单张卡片，让孩子试着摆放。当其摆放正确后，让孩子用"××层放××"的句型表述最后摆放的结果。
注意事项：家长可以用硬纸板自制一个 3 层玩具架教具，选择孩子的三类不同的玩具，让孩子练习摆放并表述，以此拓展练习内容。
教学反馈：〇　　△　　□
强化活动指导：

活动领域	感知刺激	社会行为	认知发展	语言发展
活动编号				
效果反馈				

（请家长使用下列符号对孩子进行上述活动的结果反馈：〇 = 不能完成　△ = 成人帮助下完成　□ = 能够独立完成）

周次：第 24 周　　活动名称：他们是谁？　　　　　　　实施日期：

活动目的：1. 复习已学过的"解放军"、"警察"、"医生"社会职业称谓。
　　　　　2. 学习新的称谓"邮递员"、"清洁员"、"理发师"。

活动过程：1. 家长出示本页图片，分别讲给孩子听：①叔叔拿枪站岗，保卫宝宝，这是解放军。②叔叔拿指挥棒指挥交通，这是警察。③叔叔拿听诊器，给宝宝看病，这是医生。然后提问"拿枪站岗，保卫宝宝的叔叔是谁呀？（解放军）"依此法，引导孩子回答出"警察"、"医生"职业称谓。
　　　　　2. 继续讲述下一组图片：①给宝宝送信、送报的叔叔，是邮递员。②打扫马路的叔叔，是清洁员。③给宝宝理发的阿姨，是理发师。然后依上法提问，引导孩子回答出"邮递员"、"清洁员"、"理发师"3 个职业称谓。
　　　　　3. 进行听称谓指认的练习。家长示意孩子仔细听，说出一个称谓，让孩子指认图片。

注意事项：家长可利用空闲时间，带孩子去与图上所画职业对应的场所，让孩子辨认，巩固已学过的职业称谓。

教学反馈：○　　△　　□
强化活动指导：

活动领域	感知刺激	社会行为	认知发展	语言发展
活动编号				
效果反馈				

（请家长使用下列符号对孩子进行上述活动的结果反馈：○＝不能完成　△＝成人帮助下完成　□＝能够独立完成）

周次：第 25 周　活动名称：谁的多？谁的少？　　　　实施日期：

活动目的：1. 复习"多"和"少"的概念。2. 练习判断"多"和"少"。
活动过程：家长出示本页画面，讲述给孩子听：
　　　　1. 小白兔和小狐狸比赛捡苹果，谁捡的苹果多呀？宝宝仔细看，告诉妈妈（小白兔捡的苹果多）。
　　　　2. 小花猫和小乌龟比赛钓鱼，谁钓的鱼少呀？宝宝仔细看，告诉妈妈（小花猫钓的鱼少）。
注意事项：在家中，家长可利用一些玩具或实物，帮助孩子复习、巩固"多"和"少"的概念。
教学反馈：○　　△　　□
强化活动指导：

活动领域	感知刺激	社会行为	认知发展	语言发展
活动编号				
效果反馈				

　　（请家长使用下列符号对孩子进行上述活动的结果反馈：○ = 不能完成　△ = 成人帮助下完成　□ = 能够独立完成）

周次：第 26 周　　活动名称：谁违章了？　　　　　　　实施日期：

活动目的：1. 复习儿歌《小司机》。2. 学会运用初步的交通规则，对违章行为进行判断。
活动过程：1. 家长事先根据画面的文字提示，用彩笔给交通指示灯涂上对应的颜色。
　　　　　2. 结合本页画面提问孩子："这是哪里呀？（十字路口）路口有什么呀？（红绿灯）绿灯亮了，汽车怎么样？（汽车开，行人行）红灯亮了，汽车怎么办？（汽车停，行人停）
　　　　　3. 复习儿歌《小司机》：小汽车，笛笛笛，小狗开车当司机，红灯停，绿灯行，交通规则要记清。
　　　　　4. 继续示意孩子看画面"红灯亮了，小哥哥过马路，对吗？（不对）他怎么了？（违章了）宝宝仔细看，还有谁违章了？"引导孩子仔细观察画面，找出违章的小汽车。
注意事项：家长可以自制一些红绿灯，利用家中的交通玩具和孩子一起玩指挥交通的游戏，巩固孩子的交通安全意识。平日上街，引导孩子注意红绿灯的变化，结合实景温习儿歌。
教学反馈：○　　△　　□
强化活动指导：

活动领域	感知刺激	社会行为	认知发展	语言发展
活动编号				
效果反馈				

（请家长使用下列符号对孩子进行上述活动的结果反馈：○ = 不能完成　△ = 成人帮助下完成　□ = 能够独立完成）

周次：第 27 周　　活动名称：哪双鞋子不能穿？　　　　　　实施日期：

活动目的：1. 培养孩子初步观察细节的能力。2. 学会根据已知的生活常识进行判断。
活动过程：家长出示本页图片，讲述给孩子听"这是小娃娃，她没有穿鞋。我们告诉她，哪双鞋子能穿好吗？"家长示意孩子仔细看画面，先示范给孩子讲"这只鞋子里有一个茄子，不能穿。"然后，让孩子判断剩余的鞋子，哪个不能穿。最后，让孩子指出哪些鞋子娃娃能穿。
注意事项：对于小点的孩子，家长可事先准备几双鞋，其中有些鞋子里放上东西。让孩子通过亲身体验之后，判断哪些鞋子不能穿，之后，再让孩子观察本页图片，进行判断练习。
教学反馈：○　　△　　□
强化活动指导：

活动领域	感知刺激	社会行为	认知发展	语言发展
活动编号				
效果反馈				

（请家长使用下列符号对孩子进行上述活动的结果反馈：○ = 不能完成　△ = 成人帮助下完成　□ = 能够独立完成）

周次：第 28 周　　活动名称：（看图说话）勇敢的宝宝　　　实施日期：

活动目的：1. 复习词汇"勇敢"。2. 练习短句"××不哭。"
活动过程：家长出示本页图片，先讲给孩子听："宝宝和小朋友一起做游戏。宝宝摔倒了。小朋友一起把宝宝扶起来。宝宝说'我不哭'。小朋友夸他是勇敢的宝宝。"然后，结合画面提问："这是谁呀？（小朋友）他们在做什么？（做操作或玩游戏）这是谁呀？（宝宝）宝宝怎么了？（摔倒了）小朋友们做什么？（扶宝宝起来）宝宝说什么？（我不哭）小朋友夸宝宝什么？（勇敢的宝宝）。"最后，引导、提示孩子把故事复述下来。
注意事项：当孩子能够复述故事梗概时，可鼓励他给别人讲述。
教学反馈：○　　△　　□
强化活动指导：

活动领域	感知刺激	社会行为	认知发展	语言发展
活动编号				
效果反馈				

（请家长使用下列符号对孩子进行上述活动的结果反馈：○ = 不能完成　△ = 成人帮助下完成　□ = 能够独立完成）

周次：第 29 周　　活动名称：分辨冷热　　　　　　　实施日期：

活动目的：1. 巩固冷、热概念。2. 能够根据生活经验对冷、热进行判断。
活动过程：1. 家长事先准备一杯热水和一些冰块，摆在孩子面前，让孩子用手感知。问孩子：
　　　　　　冰怎么样？（冷的）水怎么样？（热的）。如果孩子不能正确说出自己的感受，家长可以先示范：摸一下冰，然后装成很冷的样子；再摸一下热水，装成很热的样子。再请孩子尝试，当孩子还是不能回答时，就利用刚才示范表示"冷"、"热"的动作提示他回答。
　　　　　2. 出示本页图片，示意孩子仔细观察，问："两个小弟弟，谁冷呀？谁热呀？"
注意事项：结合家庭生活中常见的物品或现象，让孩子练习判断冷、热。比如洗脸时，家长可以先用冷水把自己的手冰凉，然后和孩子握手，让他感知冷与热。
教学反馈：○　　△　　□
强化活动指导：

活动领域	感知刺激	社会行为	认知发展	语言发展
活动编号				
效果反馈				

（请家长使用下列符号对孩子进行上述活动的结果反馈：○=不能完成　△=成人帮助下完成　□=能够独立完成）

周次：第30周　活动名称：怎么玩？　　　　　　　　实施日期：

活动目的：1. 复习词汇"滚"。2. 学习短语，"滚皮球"。
活动过程：1. 家长出示本页图画，讲述给孩子听"这是小明，他手里拿着一个什么呀？（皮球）这是小弟弟，他怎么了？（哭了）小明有一个皮球，小弟弟有皮球吗？（没有）小弟弟也想玩皮球，怎么办呢？请宝宝想一个办法，让小弟弟也能玩皮球。（引导孩子说出'滚皮球'）对了，小明和小弟弟滚皮球，小弟弟就不哭了。"
　　　　　2. 家长拿出事先准备的皮球一个，和孩子一起做滚皮球的游戏，边玩边说"滚个皮球，接着"。
注意事项：1. 家长对大点的孩子可以扩展谈话内容。如只有一个玩具时，要让小弟弟玩，还可以和小弟弟一起玩。2. 可以多准备些实物（如小桶、圆柱状积木等等）问孩子"哪个可以滚着玩?"
教学反馈：○　　△　　□
强化活动指导：

活动领域	感知刺激	社会行为	认知发展	语言发展
活动编号				
效果反馈				

　　（请家长使用下列符号对孩子进行上述活动的结果反馈：○＝不能完成　△＝成人帮助下完成　□＝能够独立完成）

周次：第31周　活动名称：（听觉游戏）猜猜看　　　　实施日期：

活动目的：听觉训练；熟悉家人的声音；复习家属称谓。

活动过程：结合图片，给孩子讲解游戏规则："小宝，这是谁呀？（妈妈）。这是谁呀？（爷爷）。这是谁呀？（奶奶）。这是谁呀？（爸爸）。小宝宝被蒙上了眼睛，他要用耳朵去找爸爸、妈妈、爷爷、奶奶。爸爸说：'宝宝，我在这儿呢！'小宝宝听到后，就去摸爸爸。多好玩呀。我们也玩一玩这个游戏吧。"然后，请家里的人都过来，拿出一条小手娟，把妈妈眼蒙上，先给孩子示范游戏的玩法，之后请孩子蒙上双眼，让他根据声音找人。

注意事项：1. 游戏的场地内不要有障碍物。2. 参与游戏的家长距离孩子不要太远，距离保持1～2米。

教学反馈：○　　△　　□

强化活动指导：

活动领域	感知刺激	社会行为	认知发展	语言发展
活动编号				
效果反馈				

（请家长使用下列符号对孩子进行上述活动的结果反馈：○ = 不能完成　△ = 成人帮助下完成　□ = 能够独立完成）

周次：第 32 周　　活动名称：(看图说话) 老鼠跑不了　　　实施日期：

活动目的：复习已学过的儿歌。

活动过程：家长出示本页图片，提问："这是谁呀？(小猫)，小猫怎么叫呀？(喵喵喵)，小猫走路怎么样？(示意孩子模仿，引导说出轻又快)。""宝宝和妈妈一起说首儿歌吧"，示意孩子仔细听，并模仿学说"小猫，喵喵叫，吃鱼眯眯笑，走路轻又快，老鼠跑不掉"。

注意事项：1. 当孩子忘词时，家长可使用形象的动作提示他。

　　　　　2. 和孩子一起做猫捉老鼠的游戏，可让孩子扮演小猫，家长扮演老鼠，当孩子说完儿歌最后一句时，家长可以模仿学习老鼠跑，让孩子学小猫去追，也可互换角色反复练习。

教学反馈：○　　△　　□

强化活动指导：

活动领域	感知刺激	社会行为	认知发展	语言发展
活动编号				
效果反馈				

　　(请家长使用下列符号对孩子进行上述活动的结果反馈：○ = 不能完成　△ = 成人帮助下完成　□ = 能够独立完成)

周次：第33周　活动名称：说说自己　　　　　　　实施日期：

活动目的：练习说出自己和姓名、年龄、性别。
活动过程：家长出示本页图片，向孩子讲解："这是老师。幼儿园来了一个新的小朋友，她是小妹妹。老师说，小妹妹说说自己吧。小妹妹说了，'我叫小妹妹，今年3岁了，我是一个女孩子'。小朋友们欢迎小妹妹。宝宝去幼儿园的时候，也说说自己好吗？怎么说呢？"引导孩子学习自我介绍，我叫××今年几岁了，我是一个×孩子。
注意事项：家长可请一些熟悉的人到家中来坐客，多创造一些这样的机会，鼓励自己的宝宝大胆地说说自己。当孩子不能主动介绍时，家长可以拉着孩子，示范介绍，让孩子模仿家长的话。
教学反馈：〇　　△　　□
强化活动指导：

活动领域	感知刺激	社会行为	认知发展	语言发展
活动编号				
效果反馈				

（请家长使用下列符号对孩子进行上述活动的结果反馈：〇＝不能完成　△＝成人帮助下完成　□＝能够独立完成）

周次:第 34 周　　活动名称:数数看　　　　　　　实施日期:

活动目的:练习点数 1、2。

活动过程:家长出示本页图,讲给孩子听:"这是谁呀?(小刺猬)。这是谁呀?(小花猫)。三个小动物在吃饼干。小刺猬有几块饼干呀?请宝宝数数看。"示范数一数小刺猬的饼干,"1、2",之后示意孩子数一数小白兔和小花猫的饼干。最后问"小刺猬、小白兔、小花猫的饼干一样多吗?(一样多)。盘子里还有几块饼干?(示意孩子数一数)。

注意事项:家长可另外准备一些可数的物品,两两一组,引导孩子练习点数 1、2,扩展训练内容,有能力的孩子可以点数到 3。

教学反馈:○　△　□

强化活动指导:

活动领域	感知刺激	社会行为	认知发展	语言发展
活动编号				
效果反馈				

(请家长使用下列符号对孩子进行上述活动的结果反馈:○ = 不能完成　△ = 成人帮助下完成　□ = 能够独立完成)

周次:第35周　活动名称:一样多吗?　　　　　实施日期:

活动目的:1. 巩固、理解"多"与"少"的概念。2. 学会利用比较的方法回答"一样多"的问题。3. 巩固使用"一样多"、"不一样多"词语。

活动过程:家长出示本页图片,讲述"3个小猴子摘桃子。他们要比一比他们摘的桃子一样多吗?宝宝看看,告诉小猴子,摘的桃子是不是一样多?"(家长利用教孩子数数的方法,帮助孩子找出问题的答案)。

注意事项:家长可事先准备一些"一样多"或"不一样多"的物品,让孩子比较,扩展活动的内容。

教学反馈:○　△　□

强化活动指导:

活动领域	感知刺激	社会行为	认知发展	语言发展
活动编号				
效果反馈				

(请家长使用下列符号对孩子进行上述活动的结果反馈:○=不能完成　△=成人帮助下完成　□=能够独立完成)

周次：第 36 周　活动名称：（看图说话）明明丢了怎么办？　实施日期：

活动目的：1. 培养倾听故事的习惯。2. 理解"丢了"的解决办法。3. 初步培养基本的生存能力

活动过程：1. 家长出示图片讲故事，示意孩子仔细听，"妈妈带明明去商店，明明自己跑到玩具场玩玩具，明明找不到妈妈了。明明丢了，怎么办呀？聪明的明明找到阿姨说'我叫明明，妈妈叫（家长的姓名），电话号码是（家中的电话号码），请阿姨帮我找妈妈'。阿姨知道了，很快就帮助明明找到了妈妈"。

2. 提问："这是谁呀？（明明），明明怎么了？（丢了），明明找谁去了？（阿姨），明明告诉阿姨说了什么？（我叫明明，妈妈叫××，家里的电话号码××××××），阿姨帮助明明找到了妈妈。

3. 明明真聪明，宝宝丢了怎么办？引发孩子思考（问阿姨、叔叔），宝宝告诉阿姨（叔叔）什么呀？（自己的姓名、妈妈的姓名、家里的电话号码）

4. 做问警察叔叔的游戏：家长可以事先准备一个娃娃和一位警察叔叔的图片，利用这一教具，对孩子说"你扮演娃娃，我扮演警察叔叔，娃娃丢了怎么办？"以此练习孩子说出自己的姓名，妈妈的姓名、家庭的电话号码。

注意事项：不要求孩子完全讲述图片内容，但要帮助理解遇到这种情况时应怎样做。

教学反馈：○　　△　　□

强化活动指导：

活动领域	感知刺激	社会行为	认知发展	语言发展
活动编号				
效果反馈				

（请家长使用下列符号对孩子进行上述活动的结果反馈：○ = 不能完成　△ = 成人帮助下完成　□ = 能够独立完成）

周次：第 37 周　　活动名称：排排队　　　　　　　实施日期：

活动目的：1. 巩固感知"大小"的概念；2. 巩固按"大小"原则排序的方法。
活动过程：1. 家长根据本页图片提示，事先准备好画有本页图片内容"大小"形象的单个图片，以备孩子摆弄。
　　　　　2. 给孩子出示本页图片，讲解"画面上有小鱼，有小虫子，有铅笔，还有蝴蝶，请你指一指，谁大？谁小？"待孩子正确指认后，继续讲"小鱼排在后面，不大不小的鱼排在中间。"看，小鱼排队真整齐。"小虫子看见了，也想排队，怎么排呀？宝宝帮帮忙吧。"然后出示准备好的画有小虫的图片，让孩子试着排。同法，引导孩子完成剩下的练习。当孩子正确完成后及时鼓励。
注意事项：1. 孩子在排序过程中，家长用语言提示"大××排在前，小××排中间"。
　　　　　2. 画面练习做完之后，家长可提供家中适宜排序的 3 个物品，扩展孩子的练习内容。
教学反馈：○　　△　　□
强化活动指导：

活动领域	感知刺激	社会行为	认知发展	语言发展
活动编号				
效果反馈				

（请家长使用下列符号对孩子进行上述活动的结果反馈：○=不能完成　△=成人帮助下完成　□=能够独立完成）

周次：第38周　　活动名称：哪些东西能"化"？　　　　实施日期：

活动目的：1. 培养孩子观察的兴趣。2. 初步理解"溶解"和"化了"的基本含义，能够通过观察判断哪些东西能"化"。

活动过程：1. 参考图片内容，家长事先准备一些可以溶解和不可溶解的物品若干，盛满水的水碗若干，和孩子一起做个实验。先将可溶解的物品放在一个水碗里，搅拌，同时让孩子观察，可溶解的物品怎么了？（化了），然后再将不可溶解的一个物品放在另一个水碗里，同时搅拌，也让孩子观察，不可溶解的物品是否也"化了"。利用实验的方法，家长引导孩子对剩余的准备好的物品进行操作，观察变化，判断其是否能"化"。

2. 实验完成之后，家长出示本页图片，让孩子判断哪些物质"能化"。

注意事项：家长可根据孩子的兴致，适当利用家中常见的物品，扩展实验的内容。切记，在实验过程中，鼓励孩子自己操作，自己观察，得出结论，并用"××化了"表述结果。

教学反馈：○　　△　　□

强化活动指导：

活动领域	感知刺激	社会行为	认知发展	语言发展
活动编号				
效果反馈				

（请家长使用下列符号对孩子进行上述活动的结果反馈：○=不能完成　△=成人帮助下完成　□=能够独立完成）

周次:第 39 周　活动名称:哪些是危险的行为?　　　　实施日期:

活动目的:1. 巩固理解符号"×"的含义;理解"危险","安全"。
　　　　2. 能够运用所学知识进行危险行为的判断。
活动过程:1. 家长事先准备好画有"×"和红色"√"符号的小纸片若干,然后出示本页图片,逐一讲图,并提问:①小明自己打开了家里的窗户会怎样?(掉下去)②小明拿妈妈的切菜刀去玩,会怎样?(伤着)③小明用手去摸烧水的锅,会怎样?(烫着)④小明乱摸电源插座,会怎样?(电着)⑤小妹妹自己玩积木,乖吗?(乖)⑥小明自己看书,乖吗?(乖)⑦小妹妹开着窗户往外探身,会怎样?(摔着)。
　　　　2. 家长示范将画有"×"符号的卡片贴在图片左上角的画面上,边贴边说:"小明自己打开了家里的窗户,危险",接着用画有"√"符号的卡片贴在第二排,第 3 张画面上,边贴边说:"小妹妹自己玩积木,安全"。然后,引导孩子,将画有符号的卡片一一对应贴在剩余的画面上,边帮助孩子贴,边引导孩子用语言表达"××××,危险","××××,安全"。
注意事项:此活动完了以后,家长用剩余的标有"×"符号的卡片,引导孩子把家中危险的地方贴上,强化安全意识。
教学反馈:○　　△　　□
强化活动指导:

活动领域	感知刺激	社会行为	认知发展	语言发展
活动编号				
效果反馈				

(请家长使用下列符号对孩子进行上述活动的结果反馈:○ = 不能完成　△ = 成人帮助下完成　□ = 能够独立完成)

周次：第 40 周　活动名称：（看图讲故事）好明明　　　实施日期：

活动目的：1. 巩固理解"自己的事情自己做"的含义。2. 初步形成对别人行为的评价态度。
活动过程：1. 家长出示图片，讲给孩子听，这是小明的家。小明自己玩玩具，不哭也不闹，不用大人陪着玩。小明玩完了玩具，自己把玩具放回玩具盒里。自己的事情自己做，小明是个乖孩子。
　　　　　2. 讲后，提问："这是谁呀？他在做什么？（玩玩具）玩完了玩具，小明叫妈妈收拾了吗？（没有）小明叫爸爸收拾了吗？（没有）这是哪儿呀？（小明家）谁把玩具放进了盒子里？（小明）小明乖不乖？（真乖）
　　　　　3. 引导启发孩子照图模仿家长讲述图片内容。
注意事项：1. 孩子在讲述遇到到问题时，家长要给语言提示。
　　　　　2. 家长结合孩子日常生活的表现，提问孩子应当怎样做，或者在此练习之后让孩子自己玩玩具，然后让他独立收拾玩具。
教学反馈：○　　△　　□
强化活动指导：

活动领域	感知刺激	社会行为	认知发展	语言发展
活动编号				
效果反馈				

　　　（请家长使用下列符号对孩子进行上述活动的结果反馈：○＝不能完成　　△＝成人帮助下完成　　□＝能够独立完成）

第四章 参考资料

聋儿早期家庭康复教育策略提示

家庭教育以其独有的启蒙性、个别性、生活性、随机性、隐潜性的客观魅力，必将成为聋儿康复教育整体的必要组成部分。

聋儿社区家庭康复工作正在发展的必然张力，势必带动早期干预工作的后来居上与深入，它将是能否早日减少或避免我国聋儿产生，能否早日使耳聋儿童回归主流社会，使其家庭减少经济和精神负担，提高生活质量的战略举措。

但事情的发展总不能尽如人意，随着早期干预第一环节"早发现、早诊断"和第二环节"早验配、早放大"目标的实现，第三环节"早训练、早康复"任务的开始，"教什么，怎么教？"这一问题便如影随形地贯穿、笼罩在家庭康复实践历程的始终。很多家长因此感到茫然无助，转而将康复孩子的全部责任和希望转嫁给了康复机构，更有甚者则丧失了对聋儿康复的信心和勇气，放弃了让孩子重返主流社会的机会与权利。很多教师也因此迷失康复的目标与方向，教学变得单调而缺乏生机，对家长的指导显得苍白无力。这是造成目前我们的聋儿早期干预工作在社区家庭中呈现"虎头蛇尾"表象的重要原因之一，也是如何从整体上提高全国聋儿康复质量的关键所在。加强聋儿社区家庭康复中早期教育干预策略的研究与实践，是我们今后开展聋儿早期干预工作，提高干预水平的突破重点。

"教什么，怎么教？"一直是教育科学研究的主要内容，也是聋儿早期教育干预策略要解决的核心问题。其具体内涵可能因不同的时代、不同的阶段、不同范畴以及教育对象的个体差异有所不同，但其实践进程中所反映出的相近或相同的教育规律和原则，正在为众多成功聋儿家庭的康复实践逐一证实，它不仅为聋儿早期教育干预策略内容体系的架构提供了理论上的保障，而且提供了经验上的证明。建构和描述聋儿早期教育干预策略应从以下几个方面入手，它将为聋儿家长提供重要的启示。

一、教育观念策略

它是现代儿童观、发展观及康复观的集中体现，决定着康复教育过程中的意识形态，指明了教育的方针与方向，有助于教育行为正确性的抉择与判断。其内容包括：

（1）特殊儿童与健听儿童一样，具有接受全面发展教育的权利与需求。

（2）特殊儿童身心的成长与发展存在着与健听儿童共同的模式，都遵循着一个有顺序的阶段性的连续过程；健听儿童发展的关键期理论同样适用于聋儿的康复历程，教育应及早进行。

（3）聋儿的特殊性客观存在，在康复进程中表现为一种特殊的教育需要，听力语言康复是聋儿早期康复、教育、发展的核心内容，而不是全部。

（4）每个聋儿都具备发展的潜能和自己独特的学习方式，最好的康复教育应能为其个体潜能最大限度的发掘与发挥提供最少受限制的教育环境，促进个体的完整、协调发展。

（5）家庭教育是机构教育的有力补充，但有别于机构教育，应充分发挥其启蒙性、个别性、生活性、随机性、隐潜性的优势。

（6）聋儿是康复教育过程中学习的主体，具有主动学习的意识和潜能，康教目标的制定以及教学内容的选择除了应考虑聋儿的年龄阶段特征以外，还应考虑其个体的发展需要及兴趣。

（7）聋儿各个方面的发展不是彼此孤立，独立进行的，它们之间相互影响，相互联系，作为一个整体发挥着功能。

（8）家长是聋儿的第一任教师，坚持不懈地对聋儿进行康复是家长的终身责任。他们的身体力行及所采取的教养方式将对聋儿的发展产生深远的影响。

二、教育模式策略

聋儿正处在人生历程中生理、心理发展速度最快的时期，虽然在发展的整体上遵循着等同于健听儿童的，有顺序的阶段性的连续性发展过程规律，但由于听力语言障碍的客观存在，致使其身心发展的某些方面滞后于其实际的年龄水平，或错过了发展的关键期而成为异常行为，这就需要教育执行者根据聋儿发展的实际状况采用不同的教育模式。

1 养成性教育模式

主要适用于同聋儿实际年龄及接受能力比较接近，正在形成中的还未成形的身心发展的某些方面，诸如智力品质、良好的行为、生活习惯以及动作技能、情绪个性等，主要目的是通过情景教育、家园同步教育、典型教育、讲授教育、行为练习等手段帮助聋儿形成一种有益的、正确的心理定势或反射。

2 补偿性教育模式

主要适用于落后于聋儿实际年龄水平的某些发展方面，诸如听力语言、认知能力及社会性的发展，或发展已经表现出某些异常的行为，如发音异常、情绪障碍或人格缺陷等，其目的是通过专项强化训练、行为矫治、游戏矫治的手段和方法进行有效干预，从而改变上述诸方面的发展状况，减少差距。

三、教育目标策略

教育目标是开展教育活动的出发点和归宿，它规定教育活动预期获得的某种效果。有了教育目标，教育活动的设计与安排、教育活动的组织与开展才有了一个基本的依据；有了教育目标，教育活动的内容选择、方法运用、效果评价也有了原则和范围。可以这样说，教育目标越明确，教育活动过程就越科学，效果就越理想，也就越能有效地促进儿童的身心发展。

1 总体教育目标的制定要全面、系统，具有指导性

康复教育目标既要包含聋儿个体发展的智力领域、非智力心理领域、艺术领域、知识领域、体能领域的内容，又要考虑个体的年龄特征及其接受能力水平。

2　具体教学目标，尤其是语言教育目标要明确、具体

目标的描述要包含以下三个关键要素，一是要有操作性动词，如"说出"、"分解"、"比较"等等；二是要有完成行为的有关条件，如，是用语言表达，还是用绘画、泥塑等行为动作表达；三是要有行为表现标准，即对学习结果的叙述，如"很好"、"较好"、"熟练"、"精通"等等。这样的教学目标就可成为教师或家长评价教育效果的主要依据了。

四、教学内容策略

人类心理发展"关键期"的研究告诉我们，人类的某种行为和技能、知识的掌握在某个时期发展最快，最易受影响。如果在这个时期施以正确的教育，就会取得事半功倍的效果，一旦错过这个时期就要花几倍的努力才能弥补，或者将永远无法弥补。我们的教育对象——聋儿，也毫无例外地正在经历着人类能力结构以及整个心理机制开始形成、建构的关键期。不言而喻，在发展的关键期所需积累的关键经验，应是我们教育内容策略的全部内涵。根据美国 High/Scope 教育科学研究所研究的结果，发展关键期的关键经验如下：

1　主动学习的关键经验

动用所有的感官主动地探究；通过直接经验发现事物之间的关系；操作、转换和组合种种材料；选择材料、活动和目的；掌握使用工具和设备的技能；进行大肌肉活动；自己的事自己做。

2　语言运用的关键经验

与别人交流自己有意义的经验；描述物体、事件和事物之间的关系；用语言表达情感；由教师把幼儿自己的口头语言记录下来并读给他听；从语言中获得乐趣：念儿歌、编故事、倾听诗歌朗诵和故事讲述。

3　经验和表征的关键经验

通过听、摸、尝和闻来认识物体；模仿动作；把图片、照片以及模型与真实的场景和事物联系起来；玩角色游戏和装扮活动；用泥、积木等材料造型；用不同的笔绘画。

4　发展逻辑推理的关键经验

（1）分类：探究和描述事物的物征；注意并描述事物的异同，进行分类和匹配；用不同的方式使用和描述物体；描述事物所不具有的特征或不归属的类别；同时注意到事物 的一个以上的特征；区别"部分"和"整体"。

（2）排序：比较哪一个更大（更小）、更重（更轻）、更粗糙（更平滑）、更响（更轻）、更硬（更软）、更长（更短）、更高（更矮）、更宽（更窄）、更锋利、更暗等等；根据某种特征来排列物体，并描述它们之间的关系（最长的、最短的等等）。

（3）数概念：比较数和量——多/少，等量；更多/更少，数目一样多。用一一匹配的方式来比较两个数群的数量（饼干和小朋友的数量是否一样多？）；点数物体和唱数。

5 理解时间和空间的关键经验

（1）空间关系：装拆物体；重新安排一组或一个物体在空间的位置（折叠、弯曲、铺开、堆积、结扎），并观察由此产生的空间位置的变化；从不同的空间角度观察事物和场景；体验和描述物体的相对空间位置（如：在中间、在旁边、上去、下来、在顶上、在上面、在……以上）；体验和描述物体和人的运动方向（去、来自、进去、出来、朝向、远离）；体验和描述事物之间和地点之间的相对距离（靠近、邻近、远、紧靠、相隔、在一起）；体验和表征自己的身体：有什么样的结构，身体各部分的功能是什么；学习确定教室、幼儿园以及周围环境中种种物体的位置；理解绘画和图片中所表征的空间关系；识别和描述各种形状。

（2）时间：制定计划和完成计划；描述和表征过去的事件；用语言推测将要发生的事件，并为此作好适当的准备；按信号开始或停止一个动作；识别、描述和表征事件的顺序；体验和描述不同的运动速度；在讲述过去和将来的事件时，学习使用惯例的时间单位（早晨、昨天、小时等等）；比较时间的间隔（短、长、新、旧、年轻、年老、一会儿、长时间）；注意观察把钟表和日历当作时间消逝的标记；观察季节的变化。

五、教育方法策略

世界上任何一位关心孩子成长和发展的父母，无不期望自己的孩子在做任何一件事时，都能表现出自立、有序、自制、专注、奉献的个性品质，但怎样才能实现这一教育梦想呢？父母们每天陪着自己的孩子进行着康复历程的马拉松，他们最有机会去启发孩子们对知识的天生爱好，这其中的秘密就是将日常的经历转变成学习的机会。但大多数家长们缺乏这样一些方法，即站在孩子的角度，读懂他们的行为，并将孩子的行为引导到一个有效目标上去。

1 观察是父母挖掘孩子天赋潜力的最好开端

我们需要顾及孩子，需要停下来观看、聆听他们怎样着手他们的小小追求。它需要时间，责任心，还有目的性。抓住所有的机会去观察孩子，即便是正在忙于操持家务，观察孩子所做的一切细节，正是这些细节是我们的孩子成为了独特的人。这儿观察两分钟，那儿观察两分钟，不久你就会拥有一个职业教育家的眼光和技术，并以此来观察孩子。很快就会有一串儿惊喜的发现：你对孩子的了解不断增长，对他们的爱也由此增强；你将对他们所适合的总体发展计划有个了解，而且对他们的独特方式也有所认识；你将知道什么时候准备好接受新事物或什么时候从新的角度去看旧事物；你将对孩子的某些细节行为有深入的理解，你将清楚地看见孩子发展进程中的强项与弱点，确切知道怎么为他们祝福。

2 理解是父母给予孩子尊严和尊重他们的重要方法

生活的忙碌，所有重要的、成年人的事攫取了我们的注意力，父母需要多久才能看看孩子们眼中的世界？为了理解孩子，父母们首先要想象穿他们的小鞋，用他们的小手抓笨重的东西，解决他们所遇到的大问题，并且用他们的未受世俗污染的方法处理这一切，用他们的眼光去看，用他们的耳朵去听。耐心是学会理解的关键，是观察孩子、疼爱孩子和向孩子学习，从根本上讲，是学习最大限度地施展父母的教育能力并愿意改变自己的结果。

3 示范是父母实施教育并贯穿于康复教育始终的一条重要原则

孩子们是个天生的模仿家，孩子模仿他们的父母，这是奠定基础的最好方法，也是每一位家长的重要责任！我们不能禁止孩子的模仿，相反我们应该让自己值得模仿。当孩子看着我们的时候，我们更应学会全神贯注地做事，就像我们对孩子提出的要求一样。比如，当我们手中拿着东西的时候，要走得平缓；要用双手去端既使很少量的东西；系鞋带时，也要像做世界上最吸引人的事一样用心；我们要尽量每次只做一件事。

4 改变是父母想发挥自身潜能成为孩子所需要的那类父母的必要保证

不可否认，父母的言行举止、态度，或好或坏，不论是优点还是缺点，都会影响着我们的孩子，孩子是父母的一面小镜子。这就有了一个挑战：当你花一天的时间观察你的行为时，为什么不花几天时间看看自己心里在想什么？想想自己对孩子的教育有何不妥之处？自己的内心有没有应该消除的恐惧？有没有习以为常的不良习气或不健康的态度？对许多父母来说，这种自我反省和随之而来的改正是必需的。为了让自己成为孩子更称职的父母，我们应该学会改变自己的心情，发挥最佳状态。

六、教养方式策略

作为父母，最容易犯的一个错误就是假定我们的孩子"和我们完全一样"。随着时间的迁移和年龄的增长，我们开始注意到每个孩子都有自己的独特性，接踵而来的是家庭教育过程中的冲突不断增加。解决这一问题的关键，在于我们必须弄清楚我们的行为方式与孩子的行为方式是互为补充还是互相抵触，接下来所做的努力就是调整我们的教养方式，按照天性康复教育我们的孩子。

1 指挥型父母教养方式与坚决型孩子冲突的解决

（1）不要强迫孩子，不要威胁孩子或向孩子发出最后的通谍。
（2）在严格要求的同时，为孩子提供发挥其控制权的时间和空间，以便在两者间达到平衡。
（3）尽可能为孩子提供选择的机会。
（4）不要长篇大论地说教。
（5）与孩子一起讨论那些具有破坏性的领域，一起坐下来设定一些行之有效的规则，然后按照规则展开讨论。这可以使孩子负责任，也可以使他们了解什么是规则。不要同孩子争吵，如果你与之争吵，则表明他赢了，因为你的情绪和反应受到他的控制。

2 指挥型父母教养方式与软心肠型孩子冲突的解决

（1）不要期望孩子自己找出完成任务的方法。要一步一步地给孩子指出要他做的事情。他试图取悦于你，所以他想知道你对他的期望。

（2）慎重考虑对孩子说话的方式。这类孩子非常敏感，很容易因你不经意的消极评价或无意流露的愤怒而受伤害。

（3）不要强迫他参加激烈的竞争。

（4）绝不要把他与其他人进行比较。

（5）软心肠型孩子需要与父母保持亲密。为了使你的孩子产生归属感和被接纳感，必须尽量多地与他共度时间，向他表示你的爱。

3 指挥型父母教养方式与谨慎型孩子冲突的解决

（1）不要对孩子失去耐心。不要强迫他。

（2）让他们有足够思考和做决定的时间。

（3）容许他花时间收集事实，并"正确"行事——像他们自己说的"正确"那样。

（4）慎用批评。批评对你可能是一种动力，对他则可能是一种压力，甚至给他的自尊心造成伤害。冷酷的批评和攻击性的行动可能给他以巨大的打击。

（5）随时准备回答他所提的"为什么"等问题，耐心地给他做深入的解释。

（6）肯定并接纳他的谨慎天性。不要期望他像你那样喜欢冒险。

（7）耐心听孩子做事的理由。通常孩子是经过一番深思之后才决定他要做什么的。

4 交往型父母教养方式与坚决型孩子冲突的解决

（1）为孩子制定明确的规则，对孩子严格要求。一旦孩子违反规则，作出越轨的事情，你要严格依据事先制定的规则和纪律作出反应。

（2）记住这类孩子很容易利用你所做的任何让步，一有机会他就可能让你受制于他。

（3）不要害怕对抗，要做好准备面对孩子的反抗。

（4）在纠正孩子的错误时，言语要简洁明了。坚决型孩子不想听也不愿意听长篇大论，给他简短的指示，并期待他执行。

（5）要做好准备：这类孩子经常把你逼到不舒服的境地，令你不快。

5 交往型父母教养方式与软心肠型孩子冲突的解决

（1）放慢你的节奏，允许孩子以他比较慢的节奏作出反应。

（2）允许他多花一些时间来做决定。

（3）慎用你的热情。不要在他人面前过多地表现你对他所取得的成就的关注，否则会使他很难堪。要用私下的方式，而不是公开的方式给他支持和鼓励。

（4）对他的表扬和鼓励要诚恳。

（5）了解他的羞怯，理解他需要多一些时间才能适应人与环境。

（6）尽可能在发生变化前提醒孩子。

（7）多提些问题并仔细倾听他是如何作答的。

（8）请他帮助你完成任务。软心肠型孩子喜欢拥有被人需要的感觉。

6 交往型父母教养方式与谨慎型孩子冲突的解决

（1）倾听以便更好地理解孩子。对孩子话语中的细微差别保持警惕。他说话不多，但每个词都包含一定的意义。

（2）降低你的情绪反应和你的热情。努力做到客观、尊重事实，在发生冲突时尤其如此。

（3）孩子对完美的追求和你对快乐的追求一样强烈。他很容易失误。

（4）当他达不到期望的标准时，给他独自体验失望的时间。

（5）不要催逼他，给他时间和空间来完成高质量的工作。

（6）对他的工作要诚心诚意的赞美。告诉他，他在哪些方面做得好，不要只笼统地说"做得好！""棒极了！"

（7）记住：他最害怕别人批评他的工作。所以，在提意见时一定要委婉。

（8）接受他小心谨慎的天性，不要期望他成为一个冒险家。

7 支持型父母教养方式与坚决型孩子冲突的解决

（1）孩子需要在某些方面行使控制权，要尽量避免任他控制。当他在某些活动中表示不需要你时，你不要太在意，因为他喜欢自己一个人做事情。

（2）要强硬。强迫你自己做得"冷酷"些。指导他时要义正辞严，树立你的权威地位。

（3）决策时要果断而坚决。他会经常做些事情来考验你的态度，千万不要动摇。

（4）请理解，对你来说，多给孩子一些指导是困难的，但对孩子是十分必要的。

8 支持型父母教养方式与软心肠型孩子冲突的解决

（1）在为孩子做事的同时鼓励孩子为自己做事。

（2）努力做到果断。

（3）有些冲突和变化是有益的。生活总在不断变化，不要过度保护孩子，以免脱离生活实际。

（4）了解孩子的感受，并如实地展示你的感受。不要认为把消极情感隐藏起来，消极情感就会自动消失。

9 支持型父母教养方式与谨慎型孩子冲突的解决

（1）认识到孩子要保留自己的隐私。一旦发生冲突，要给孩子提供独立思考的机会，过后再与他讨论。

（2）面对压力时，他需要一段时间独立考虑对策，不要因此而认为他在反抗。

（3）不要强迫孩子与人建立亲密的关系。谨慎选择与孩子共处的时间，当你感到孩子在退缩或沉默时，对他讲出你的感受，并倾听他的解释。

（4）准备耐心地向孩子做深入的解释。

（5）允许他在未达到自己的高标准时暂时表现出失望。

（6）给他诚恳而具体的表扬，对他的工作表示赞赏。

（7）不要对他的苛刻倾向作出过度的反应。要温和地指导他接受自己和别人的缺点。

10 纠错型父母教养方式与坚决型孩子冲突的解决

（1）让孩子自己承担一些责任，不要为了把事情做得更好就包办代替。他需要对一些事情负责。

（2）不要吝惜对孩子的肯定和鼓励。

（3）冒险对坚决型的孩子来说是很重要的经验，但要根据安全和理智的需要提出必要的限制。

（4）与坚决型的孩子生活在一起就意味着会有接连不断的变化和挑战，对此你要有心理准备。

（5）孩子需要体育运动。

（6）不要与他争执，你的道理不一定有说服力。

（7）最重要的是不要期待完美。谨防孩子因达不到你提出的太高标准而认为自己无能。如果他经常遭到批评，他也是会放弃的。

11　纠错型父母教养方式与软心肠型孩子冲突的解决

（1）你要探索孩子的感受和经历。

（2）以更加开放的态度对待孩子，与他分享你的感受，鼓励他开口说话。

（3）容许孩子有时候"无所事事"，他们需要休息和放松的时间。

（4）要向孩子具体说明你希望他做什么，不要期望孩子自己去弄清楚做事的步骤。

（5）即使孩子的工作成效与你的相去甚远，你也要对孩子的每一点努力表示肯定和赞赏。

（6）慎用批评。你的批评可能在不经意之间伤害孩子。

（7）最重要的是，不要把标准定得太高，以免孩子因达不到而低估自己的能力，进而放弃努力。

12　纠错型父母教养方式与谨慎型孩子冲突的解决

（1）当孩子建议另一种做事的方式时，你要持开放的态度，要随时准备以双方都能接受的方式灵活调整自己的标准。

（2）纠正孩子过错时要小心。你应该明白，你最害怕别人批评你的工作，你的孩子也是如此。

（3）当孩子批评你时，不要作出过度的反应。

（4）多向孩子表示爱和关怀。孩子和你一样需要爱和尊重，而他的天性不太善于表达感情。

（5）最重要的是，不要把标准定得太高，以免孩子因达不到而低估自己的能力。

七、专项教育技能策略

聋儿由于其特殊性的存在，为社区家庭教育的内涵增添了复杂因素。听力语言的障碍，是其突出的表现和最为显著的外显特征，它决定了聋儿康复特有家庭教育重心，形成了以听力语言康复为主线同时兼顾相关领域发展的全方位教育格局。作为执行和实施早期教育干预策略的聋儿父母，就要比健听儿童的父母多一项特殊的教育技能和方法上的准备，以完成使聋儿的听力语言能力不断提升和发展的康复目的。

1 优化聆听环境的技巧

（1）每日坚持检查孩子的助听器及电池。
（2）尽量减少家庭中背景噪音对聋儿聆听的影响。
（3）坚持1－2米的有效助听范围和孩子交谈。

2 学会广泛涉猎话题的聊天技巧

（1）在日常生活中，坚持不断地说。
（2）在专门的游戏时间里坚持不断地说。
（3）和孩子交谈家庭生活中所见到的一切。
（4）和孩子谈碰巧发生的事。

3 学做一个积极的聆听者

（1）对孩子的手势，能用语言给以相应的回应。
（2）全神贯注地聆听孩子的讲话。
（3）对孩子所讲述的话题表示出你的兴趣。
（4）容忍孩子的发音水平。
（5）重复孩子所讲的话，使其内容更接近他所要表达的主题。
（6）适时打断孩子的谈话，插入你的评论，再继续开始他的谈话，为孩子创造一个既有来言又有去语的交流锻炼机会。

4 掌握口齿清楚表达准确的说话技巧

（1）说话时语速稍缓。
（2）发音清晰有力。
（3）可以夸张你的语调，并非口型。
（4）变化你的音量及语调。
（5）使用变化的声调表达你激动的情感。
（6）使用你的表情传递你要让他知道的信息。

5 学会使用眼神交往

（1）当孩子在与你交谈时，不管他看不看你，你都要注视着他。
（2）注意调整你的体位水平，创造孩子和你进行眼神交流的机会。
（3）用点头和微笑的方法，延长与孩子眼神交流的时间。
（4）不断变化位置，使自己不断出现在孩子的视野范围之内。
（5）学会在孩子和你们正在谈论的物品之间，不断前后地变化眼神。
（6）使用诸如"哦，看！"之类的语言引起孩子的注意。

6 使用孩子能够明白的语言和孩子交谈

（1）倾听孩子的谈话，时刻把握他的理解状况。

（2）如果你的孩子表现出不能理解对话中的某些内容，则需重复相关内容。
（3）如果孩子还是不能理解，就要借助图片、实物等中介，帮助孩子学习有关概念。
（4）学会时刻根据孩子的注意程度来判断你们谈话的效果。
（5）会使用简单陈述句式为孩子讲解交谈中新出现的词汇。

7　使用更多的命题式语句发展孩子语言能力

（1）每天要计划出一个专门的时间帮助孩子练习命题式语言。
（2）学会仔细观察孩子对陈述句、疑问句、祈使句的反应方式。
（3）如果孩子不能理解上述三种句式语意，可借助手势帮助孩子理解、区别。

8　拓展孩子语言

（1）在游戏活动中通过丰富游戏环节和内容拓展孩子的语言。
（2）通过增加孩子生活体验的方法拓展语言。
（3）通过专门的语言游戏拓展孩子的语言。

总而言之，世界上任何职业都要培训、考核、竞争上岗，只有"父母"这个职业没有这些程序，只要你们生育了小孩，你们就是天经地义的父母，就要理所当然地行使教育的职能。其实，教育是一门科学。聋儿康复也是一门科学，不可能无师自通，也不是靠道听途说就能做好的。上述这些原则和技巧，是每一位聋儿家长必须掌握的基本策略，是要通过培训和自主地学习才能谙习的。应该知道，错误的教育对我们的聋孩子来讲是一种多么深刻的伤害，其严重性甚至超过听力障碍本身所带来的伤害。

全国各省、自治区、直辖市聋儿康复中心通讯地址

序号	邮编	机构名称	通讯地址	联系电话
1	100070	北京市聋儿康复中心	丰台区丰台南路91号1号楼	010-84482093
2	300381	天津市聋儿康复中心	南开区卫津南路66号	022-23949090
3	050081	河北省残疾人康复指导中心	石家庄市中山西路815号	0311-85516213
4	030012	山西省聋儿康复中心	太原市南内环寇庄西路42号	0351-7234145
5	010051	内蒙古自治区聋儿康复中心	呼和浩特市新城区康复街88号	0471-5272652
6	110015	辽宁省聋儿康复中心	沈阳市沈河区先农坛路十七巷20号	024-24110608
7	130052	吉林省聋儿康复中心	长春市绿园区青欣路8号	0431-87926190
8	150036	黑龙江省聋儿康复指导中心	哈尔滨市香坊区远香街26号	0451-87971080
9	200127	上海市聋儿康复中心	浦东新区龙阳路189号2号楼	021-58813771
10	210004	江苏省聋儿康复中心	南京市丰富路53号	025-86993730
11	310016	浙江省聋儿康复中心	杭州市清泰小区商教二区	0571-86436290
12	230041	安徽省聋儿康复中心	合肥市蒙城北路15栋	0551-3683320
13	350002	福建省聋儿听力语言康复中心	福州市仓山区建新镇园亭路5号	0951-38703779
14	330008	江西省聋儿康复中心	南昌市胜利路李家巷3号	0791-86705664
15	250012	山东省残疾人综合服务中心	济南市铜元局前街48号	0531-86158866
16	250013	山东省聋儿语言听力康复中心（民政）	济南市解放路23号	0531-82382349
17	450002	河南省康复教育研究中心	郑州市东风路7号	0371-63287932
18	430050	湖北省聋儿中心（民政）	武汉市汉阳区月湖堤433号	027-84840296

序号	邮编	机构名称	通讯地址	联系电话
19	430050	湖北省残联社区康复中心	武汉市武昌区傅家坡一路25号	027-87300746
20	410001	湖南省残疾人康复中心	长沙市马王堆新桥古汉城住宅开发区	0731-84734327
21	510055	广东省聋儿康复中心	广州市东风东路钱路头直街2号	020-83864581
22	530001	广西壮族自治区聋儿研究中心	南宁市秀厢大道33号	0771-3107039
23	570203	海南省聋儿康复中心	海口市美群路8号	0898-65352356
24	400060	重庆市聋儿康复中心	重庆市南岸区南湖路140号	023-62821907
25	610081	四川省聋儿康复中心	成都市星辉东路6号	028-84353395
26	550004	贵州省聋儿康复中心	贵阳市新添大道南段195号	0851-6769155
27	650224	云南省聋儿康复中心	昆明市安康路180号	0871-6354669
28	850000	西藏自治区聋儿康复中心	拉萨市扎基中路1号	0891-6385560
29	710016	陕西省康复教育研究中心	西安市朱宏路53号	029-87294672
30	730000	甘肃省聋儿康复中心	兰州市七里河区瓜洲路271号	0931-8615680
31	810000	青海省聋儿康复中心	西宁市莫家街52号	0971-8252937
32	750002	宁夏回族自治区聋儿中心	银川市西环路开发区	0951-5065142
33	830000	新疆残疾人康复中心	乌鲁木齐市克拉玛依西路135号	0991-4800021